Wenn ich etwas in meinem Leben gelernt habe, dann ist es die Tatsache, dass alles, was einem im Leben widerfährt, zu irgend etwas gut ist. Oft kommt die Erkenntnis erst Jahre später, aber man erfährt dann, dass es gut ist, wie es gekommen ist.

Claus Meyer

# Unterwegs auf dem Meer

Buchwelten Verlag
FRANKFURT AM MAIN

Informationen zum diesem Werk finden Sie unter

https://www.buchwelten-verlag.de



2. Auflage Juli 2023

published 2023 by
Bubans Buchwelten Verlag,
Frankfurt am Main
Germany

Umschlaggestaltung: Hans Blaubard



ISBN 978-3-945740-90-3

FSC
www.fsc.org
MIX
Papier aus verantwortungsvollen Quellen
Paper from responsible sources
FSC® C105338

# Inhalt

## Vorwort:

Die meisten Bücher, die ich gelesen habe, wurden von Kapitänen geschrieben und handelten von ihren Abenteuern, Arbeit und Werdegang. Ich wollte ein Buch schreiben, das die Arbeit der Elektriker an Bord beschreibt. Dieses Buch spielt in einer Zeit, als die Seefahrt noch Abenteuer bot. Niemand konnte sagen, wie lange eine Reise dauern würde oder wann der Hafen wieder verlassen werden konnte. Oft lagen wir tagelang auf Reede oder an der Pier und hatten dann Zeit, das Land und seine Menschen zu erkunden. Wir konnten nur Briefe mit Flugpost auf dünnem blauen Papier schreiben, die tagelang unterwegs waren und oft nicht ankamen. Das einzige Sichere war, ein DEBEG-Telegramm zu schicken, dass unser Funker empfing, ausdruckte und uns übergab. E-Mails, Internet und Handys gab es noch nicht.

Ich bedanke mich bei meiner Frau Brigitte, die mir so viel Freiraum geschenkt hat, damit ich in aller Ruhe schreiben und recherchieren konnte.

# DS Axenfels

Abb. 1 DS Axenfels

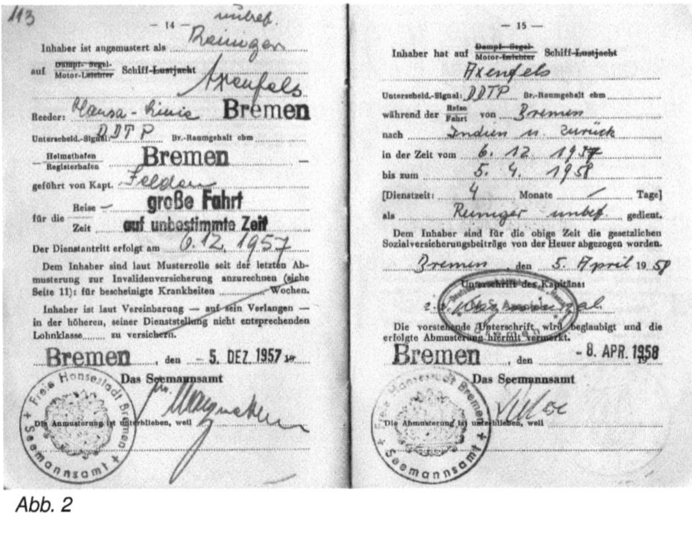

113

— 14 —

Inhaber ist angemustert als Reiniger unbef.

auf Motor- Schiff Axenfels

Reeder: Hansa-Linie Bremen

Unterscheid.-Signal: DDTP Br.-Raumgehalt cbm ......

Heimathafen / Registerhafen Bremen

geführt von Kapt. Felden

für die Reise große Fahrt

Zeit auf unbestimmte Zeit

Der Dienstantritt erfolgt am 6.12.1957

Dem Inhaber sind laut Musterrolle seit der letzten Abmusterung zur Invalidenversicherung anzurechnen (siehe Seite 11): für bescheinigte Krankheiten ...... Wochen.

Inhaber ist laut Vereinbarung — auf sein Verlangen — in der höheren, seiner Dienststellung nicht entsprechenden Lohnklasse ...... zu versichern.

Bremen, den 5. DEZ. 1957

Das Seemannsamt

Die Anmusterung ist unterblieben, weil

Freie Hansestadt Bremen Seemannsamt

— 15 —

Inhaber hat auf Motor- Schiff Axenfels

Unterscheid.-Signal: DDTP Br.-Raumgehalt cbm ......

während der Reise/Fahrt von Bremen

nach Indien u. zurück

in der Zeit vom 6. 12. 1957

bis zum 5. 4. 1958

[Dienstzeit: 4 Monate — Tage]

als Reiniger unbef. gedient.

Dem Inhaber sind für die obige Zeit die gesetzlichen Sozialversicherungsbeiträge von der Heuer abgezogen worden.

Bremen, den 5. April 1958

Unterschrift des Kapitäns:

Die vorstehende Unterschrift wird beglaubigt und die erfolgte Abmusterung hiermit vermerkt.

Bremen, den - 8. APR. 1958

Das Seemannsamt

Die Abmusterung ist unterblieben, weil

Freie Hansestadt Bremen Seemannsamt

Abb. 2

## *DS Axenfels Legende*

Antrieb: 4 Zylinder Zweifach-Expansion Dampfmaschine
4000 PS bei 90 UpM, 13,0 kn
Abmessung: Länge = 136 m, Breite = 18m, TFG = 7,8 m
Besatzung: 35 Mann

Der Rumpf wurde nach einem Sabotageakt im Jahr 1944 beschädigt und lag mit 25 Grad Schlagseite an der Ausrüstungspier der Werft. Im November 1944 wurde der Rumpf gehoben und repariert. Er wurde mit Schiffbaumaterial und der Hauptmaschine beladen und nach Hamburg geschleppt.

Am 31.12.1944 wurde er am Schuppen 80 in Hamburg durch einen Bombenangriff beschädigt. Im Januar 1945 wurde er zur Fertigstellung nach Kiel zu den Deutschen Werken geschleppt. Dort wurde er am 03.04.1945 nach einem Bombenangriff ausgebrannt und versank.

Nach dem Ende des Zweiten Weltkrieges, am 08.05.1945, wurde die DS Axenfels von den Alliierten beschlagnahmt und notdürftig repariert. Am 08.11.1947 wurde sie als Kriegsbeute an Großbritannien ausgeliefert.

# DS Axenfels DDG Hansa Bremen

05.12.1957 - 08.04.1958
E – Reiniger Indien

Ein Freund, dessen Bruder zur See fuhr, sagte mir, dass man unbedingt eine 6-monatige Werftzeit nachweisen müsse, wenn man zur See fahren wollte. Diese habe ich bei der Adler Werft in Bremen absolviert. Nach einem halben Jahr kündigte ich bei der Adler Werft und hatte nun alle Unterlagen zusammen, wie Schulzeugnisse, Gesellenbrief als Elektriker und so weiter. Ich bewarb mich beim Norddeutschen Lloyd in Bremen und bei der DDG Hansa Linie Bremen.

Vom NDL bekam ich nach einer Woche einen Brief mit der Absage, da zurzeit keine E-Assistenten benötigt wurden. Ich sollte mich später noch einmal melden.

Die DDG Hansa Linie schrieb mir zurück und sagte, dass ich als E-Reiniger auf der DS Axenfels anfangen könne. Das Schiff würde am 05. Dezember im Europa Hafen in Bremen ankommen, wo ich anfangen könne. Falls es mir zusagen sollte, solle ich am Dienstag, den 01. Dezember um 9 Uhr hier in Bremen in der Schlachte 6 im Personalbüro-See bei Kapitän Hermann vorstellig werden.

Mit all meinen Papieren ausgestattet fuhr ich am 01. Dezember mit der Straßenbahn in die Innenstadt zum Markt. Von dort aus ging ich zu Fuß zur Schlachte. Ich wohnte bei meinen Eltern in der Nordstraße in Bremen. Als Bremer war mir die Schlachte bekannt.

Pünktlich um 9 Uhr klopfte ich bei Kapitän Herman an seine Bürotür. Mit einem lauten »Herein!« öffnete ich die Tür. Er saß vor seinem Schreibtisch. Als er mich sah, stand er auf und kam auf mich zu. Er reichte mir die Hand und sagte: »Kapitän Herman.« Auch ich stellte mich vor.

Dann ging er zu seinem Schreibtisch zurück und zeigte mit der Hand auf einen Stuhl vor seinem Schreibtisch. »Möchten Sie einen Kaffee?« fragte er. Ich war so nervös, dass ich ablehnte.

Er fragte: »Sie wollen als E-Reiniger bei uns anfangen?« Ich antwortete: »Ja, ich möchte ausprobieren, ob die Seefahrt etwas für mich ist.« Auf der DS Axenfels würde eine Stelle als E-Reiniger frei werden. Sie würde am 05. Januar in Bremen ankommen. Er fragte: »Wollen Sie die Stelle haben?« Ich sagte zu. Ich hatte nach meiner Stelle bei der Adler Werft Urlaub gemacht und mich nach einer neuen Stelle als Elektriker umgesehen, bisher ohne Erfolg. Nun ging es Schlag auf Schlag: Gesundheitskarte machen, Seefahrtbuch ausstellen lassen, usw.

Die Arbeit wurde durch eine kurze Essenspause unterbrochen. Am Nachmittag war alles erledigt. Das Erste, was ich nach dem Frühstück tat, war, im Weser-Kurier nach den Ankunfts- und Abfahrtszeiten der Schiffe im Bremer Hafen zu suchen. Auch die DS Axenfels war aufgelistet. Sie würde am 05.12. um elf Uhr im Europahafen am Schuppen 5 ankommen und um 20 Uhr wieder abfahren.

Meinen Seesack hatte ich schon am Vortag gepackt. Meine Eltern wollten mich mit ihrem Wagen zum Schiff bringen. Ich hatte mein Ausgeh- und Sonntagspäckchen angezogen, um an Bord einen guten Eindruck zu machen. Wie ich später feststellte, war dies falsch. Mein Vater sagte: »Wir müssen spätestens um 10 Uhr hier abfahren, damit wir die DS Axenfels einlaufen und festmachen sehen.« Ich verabschiedete mich von meinen Schwestern Anne und Helga, und ab ging es zum Hafen.

Wir waren um halb 11 am Schuppen Nr. 5. Von der DS Axenfels war noch nichts zu sehen. Eben vor 11 Uhr sahen wir sie kommen, gezogen von einem Schlepper. Der Schlepper drehte die DS Axenfels, sodass das Schiff rückwärts am Liegeplatz festmachen konnte.

Mein Vater sagte: »Alle Schiffe müssen deswegen rückwärts an ihrem Liegeplatz liegen, falls Feuer im Hafen ausbrechen sollten, damit jedes Schiff selbstständig ohne Schlepper auslaufen kann.« Nachdem die DS Axenfels festgemacht hatte und die Gangway heruntergelassen wurde, verabschiedete ich mich von meinen Eltern.

Meine Mutter drückte mich und weinte, mein Vater gab mir einen kräftigen Handschlag und sagte: »Alles Gute, schreib mal, wie es dir geht.« Ich nahm meinen Seesack und ging zur Gangway. Oben vom Schiff winkte ich ihnen noch einmal zu.

Dann wollte ich mich beim Chief anmelden. Seine Kammer fand ich gleich auf dem 1. Deck. Ich stellte mich vor, und er sagte: »Gut, dass du da bist. Wir laufen heute noch aus.« Er meinte: »Ich bringe dich erst einmal zum Elektriker, der wird dir alles Weitere zeigen und besprechen.«

Der Elektriker war in seiner Kammer. Der Chief sagte: »Der E-Reiniger Claus Meyer ist da. Zeig ihm seine Kammer und erkläre ihm seine Tätigkeiten hier auf dem Schiff.« Der Elektriker sagte: »Mein Name ist Kurt, dein Name ist Claus?« Ich nickte. Dann sagte er: »Die Tätigkeiten sind beim Manöver am Fahrstand den Maschinentelegrafen zu bedienen und Reinigungsarbeiten im Maschinenraum während der Wache vorzunehmen.

Du wirst die 8–12 Uhr–Wache mit dem 3. Ingenieur gehen. Wenn ich dich mal brauchen sollte, werde ich Bescheid sagen.« Er zeigte mir eine Zweimannkammer auf der Backbordseite im Mannschaftsdeck. Er sagte: »Auf der Steuerbordseite sind die höheren Mannschaftsgrade untergebracht, wie Motorwärter, Bootsmann und Matrosen.«

Er zeigte auf die obere Koje und sagte: »Das ist deine.« Dann deutete er auf den Doppelschrank und sagte: »In dem rechten Schrank kannst du deine Sachen unterbringen.

Die Duschen und Toiletten befinden sich am Ende des Ganges. Du wirst hier mit einem Reiniger zusammenwohnen, der die 4–8 Uhr–Wache hat. Räume zuerst deine Sachen in den Schrank ein, dann komm zu mir und ich werde dir den Maschinenraum zeigen.«

Eine halbe Stunde später stand ich wieder vor seiner offenen Kammertür und er rief: »Ich komme gleich.« Inzwischen hatte ich mich umgezogen und ein Hemd und eine Hose angezogen, um passend zu den Kollegen gekleidet zu sein (Jeans gab es damals noch nicht). Die Eingangstür zum Maschinenraum befand sich auf der gleichen Etage. Der Elektriker öffnete die Tür zum Maschinenraum und sofort schlug mir eine heiße Luft entgegen.

Ich sah die große Dampfhautmaschine, die meiner Schätzung nach zwei Stockwerke hoch war. Wir gingen die Stahltreppen hinunter zum Fahrstand. Dort sah ich am Fahrstand den Maschinentelegrafen, der die von der Brücke zu fahrende Geschwindigkeit anzeigt, dass kleine DIN A5-Buch lag auf einer kleinen Ablage, dort muss ich die angegebenen Geschwindigkeiten mit der Uhrzeit eintragen.

Ich sah, dass die Flurplatten vor dem Fahrstand sauber waren. Auch hier muss ich dafür sorgen, dass die Flurplatten immer sauber von Dreck und Öl gehalten werden, damit keiner ausrutscht. Außerdem soll ich bei den anfallenden Reparaturen mithelfen. Beim Wachwechsel muss alles sauber übergeben werden.

»Deine 8–12 Uhr–Wache beginnt heute Abend. Bis dahin hast du frei, es sei denn, es gibt noch wichtige Arbeiten zu erledigen. In diesem Fall wird man dich holen. Falls du an Land gehen solltest, musst du dich bei mir oder dem Chief abmelden.«

Als ich wieder in meiner Kammer ankam, war mein Mitbewohner da. Wir stellten uns vor und er sagte: »Ich bin Hans.« Er gefiel mir gleich, seine fröhliche Art und sein lockeres Lachen mochte ich. Hans sagte: »Um 18 Uhr gibt es Abendbrot in der Mannschaftsmesse. Neben mir ist noch ein Platz frei. Wir können zusammen dorthin gehen. Ich habe gehört, dass wir um 21 Uhr auslaufen sollen. Du hast die 8–12 Uhr–Wache. Dann hast du heute Abend deine erste Wache mit dem 3. Ing. antreten, das ist ein umgänglicher Typ mit dem wirst du klarkommen.« Um 18 Uhr gingen Hans und ich zum Abendbrot, die Mannschaftsmesse war groß, die vierer Tische waren locker verteilt.

In der Mannschaftsmesse hatten sich der Bootsmann und die Matrosen die hier das Sagen haben, die besten Plätze an den Bullaugen ausgesucht. Hans und ich waren Reiniger, der unterste Dienstgrad, unser Platz war in der Ecke der Messe in der Nähe der Tür. Ich merkte bald, dass hier ein rauer Ton herrschte, die Gespräche während des Essens in der Mannschaftsmesse waren dementsprechend. Ein Decksjunge im ersten Lehrjahr zum Matrosen brachte uns das Essen aus der Küche, wo es auf den Tellern vorbereitet wurde, bevor er es in die Messe schleppte.

Zuerst wurden die höheren Dienstgrade wie der Bootsmann, Matrosen und Motorwärter bedient. Wir waren meistens als letzte dran und durften nicht einmal über das Essen meckern, da wir sofort vom Bootsmann oder anderen höheren Dienstgraden laut verwarnt wurden. Ich fragte mich, wo ich nur hingeraten war, obwohl ich einen abgeschlossenen Beruf als Elektriker hatte, interessierte das niemanden, ich war nur ein Reiniger.

Zum Wachantritt um 19:45 Uhr im Maschinenraum trug ich meinen neuen Arbeitsanzug, während alle anderen aufgrund der Hitze im Maschinenraum nur Hose und Unterhemd trugen. Ich konnte den 3. Ing. nicht erkennen, um mich vorzustellen.

Aber dann kam er auf mich zu und sagte: »Du bist der Claus, ich heiße Günter und bin hier der Wachende. Willkommen auf meiner Wache. Auf meiner 8–12 Uhr-Wache sind der Ing. Assi. Helmut, der Motorenwärter Achim und du.«

Er sagte, ich solle etwas Leichtes anziehen, da es später im Maschinenraum noch wärmer werden würde, wenn die Maschine läuft. Also ging ich zurück in meine Kammer, zog meinen neuen Arbeitsanzug aus und zog eine alte Hose und ein Unterhemd an. Als ich zurück in den Maschinenraum ging, hörte ich einen Matrosen sagen, dass der Lotse an Bord sei und wir gleich ablegen würden. Also sorgte ich dafür, dass ich zum Fahrstand des Maschinentelegrafen kam.

Als ich ankam, hörte ich bereits das Klingeln des Telegrafen, der jetzt auf Standby war, und der 3. Ing. trug die Uhrzeit ins Buch ein. Als er mich sah, sagte er: »Jetzt bist du dran.« Zehn Minuten später klingelte der Telegraf auf halbe Fahrt voraus. Ich bestätigte mit dem Hebel und trug die Uhrzeit ins Buch ein. Der 3. Ing. drehte langsam das große Rad am Fahrstand, die Maschine lief langsam an. Er beobachtete den Umdrehungsanzeiger genau und drehte das Rad so lange, bis der Motor 50 Umdrehungen erreichte.

Dann ging es Schlag auf Schlag mit den Manövern: Halb voraus, Stopp, Halbe Rückwärts, Stopp und so weiter. Ich musste mich beeilen mit den Bestätigungen und Eintragungen.

Nach vier Stunden erreichten wir die Außenweser, wo der Lotse von Bord ging und wir jetzt Marschgeschwindigkeit fahren konnten. Unsere Wache war zu Ende und die Kollegen der 12–4 Uhr–Wache übernahmen. Ich ging schnell duschen und dann ab in die Koje. Ich war so müde, dass ich sofort einschlief, bis mich um 7 Uhr Hans weckte und ‚Reise, Reise, Wachwechsel' sagte. Ich duschte und ging dann zum Frühstück in die Mannschaftsmesse.

Dort gab es frische Brötchen und man konnte verschiedene Eiersorten wie Rührei, gekochte Eier oder Spiegeleier beim Decksjungen bestellen, der sie in der Kombüse bestellte und brachte. Auf dem Tisch stand eine große Kanne mit heißem Kaffee. Teller, Tassen und Besteck lagen schon bereit.

Unser nächster Hafen sollte Rotterdam sein, wie uns der Chief gesagt hatte. Ich zog meinen Arbeitsanzug vom Vortag wieder an und wollte bevor ich die Wache antrat, noch an Deck gehen. Dort sah ich, dass die Sonne schien und die See spiegelglatt war, aber ein unangenehmer kalter Wind wehte. Um Mitternacht erreichten wir Rotterdam und eine Stunde später lagen wir an der Pier. Die Schauerleute begannen sofort mit dem Löschen. Es sollte hier nur eine kurze Liegezeit geben.

Um 9 Uhr kam der Lotse wieder an Bord, die Leinen achtern und vorn wurden losgeworfen. Eine Stunde später verließ uns der Lotse wieder und es ging Richtung Englischer Kanal. Das Wetter im Kanal war diesig mit leichtem Schneefall, die Maschine lief nur halbe Kraft. Der 3. Ing. Günter sagte, im Kanal müsse man vorsichtig fahren, da es ein starkes Verkehrsaufkommen gibt. Es sind schon viele Schiffe zusammengestoßen und gesunken. Nach 2 Stunden waren wir durch den Kanal und fuhren wieder in Marschgeschwindigkeit.

Unten im Maschinenraum merkten wir, dass das Schiff anfing zu stampfen. Wir mussten uns immer häufiger am Geländer festhalten. Es wurde so schlimm, dass wir Schwierigkeiten hatten, ohne auszurutschen, von einem Punkt zum anderen zu kommen. Die Brücke teilte uns mit, über den Maschinentelegraf auf halbe Kraft zu gehen. Hans sagte zu mir, seekrank zu werden sei keine Schande.

Unser Gleichgewichtsorgan gibt Meldungen über Bewegungen an das Gehirn weiter, die dort nicht bekannt und gespeichert sind. Das Gehirn reagiert verwirrt und gibt entsprechende Falschmeldungen an Kreislauf und Magen aus, die dann die typischen Symptome der Seekrankheit auslösen.

So hat mir das mein Hausarzt erklärt. Ich sagte ihm, ich bin nicht seekrank. Er meinte, das sei gut so. Wir erreichten Gibraltar und waren nun im Mittelmeer. Das Wetter wurde von Tag zu Tag besser und die See war ruhig. Manchmal glaubte man, auf einem Ententeich zu sein. Wir bekamen wieder Farbe im Gesicht. Die Tage und Nächte vergingen wie im Flug und rauschten nur so dahin.

Port Said erreichten wir am frühen Morgen. Es dämmerte noch, als die Hauptmaschine langsamer fuhr und die Vibration sich änderte. Ich lief an Deck und sah, dass wir kurz vor Port Said waren. Dort angekommen, traf ich den 2. Offizier, der erklärte, dass wir nur zum Bunkern von Wasser und Proviant in Port Said seien. Danach würden wir gleich wieder auslaufen und auf Reede gehen. Wir würden dort warten, bis der Kanallotse kommt, um uns mit den anderen wartenden Schiffen zum Konvoi zusammenzustellen.

Während der Liegezeit auf Reede kamen Händler mit ihren kleinen Holzbooten längsseits des Schiffs und boten uns ihre Waren an, darunter Sitzkissen aus Kamelleder, Khaki-Hosen und diverse Souvenirs. Sie riefen auf Deutsch immer den gleichen Satz: »Alte Hose gegen neue Hose«. Das hatten sie wohl auswendig gelernt.

Um die Mittagszeit kam der Lotse an Bord, zum Glück hatte ich keine Wache und konnte mir die Kanalfahrt ansehen. Die Zusammenstellung des Konvois dauerte ca. eine Stunde. Dann ging es los und die Schiffe fuhren mit großem Abstand an Port Said vorbei in den Suezkanal. Wir waren das sechste Schiff und reihten uns langsam in den Konvoi ein.

Als wir im Kanal ankamen, sah ich nur Wüste rechts und links der Ufer. Kein Baum, kein Busch, nur Sand war zu sehen. Nach acht Stunden waren wir durch den Suezkanal und der Lotse verließ uns in Suez.

Wir konnten wieder mit Marschgeschwindigkeit ins Rote Meer fahren. Das Rote Meer empfing uns mit einer Hitzewelle. Es war bereits 19 Uhr und wurde schon schummrig, aber es war immer noch sehr heiß. Ich fragte mich, wie warm es wohl am nächsten Mittag sein würde. Ich machte mich bereit für meine Wache. Als ich den Maschinenraum betrat, schlug mir eine Welle aus Hitze entgegen und ich konnte kaum atmen.

Meine Kollegen hatten alle Schweißtücher um den Hals gebunden und wischten sich alle paar Minuten die Stirn damit ab. Ich beschloss, mir auch eins zu besorgen und Günter sagte mir, dass wir welche auf dem Tisch neben dem Fahrstand hatten.

Günter sagte, dass ich bei dieser Wärme für kühle Getränke sorgen müsste und dass ich diese im Kühlschrank in der Offiziersmesse finden würde.

Nach meiner Seefahrtzeit hatte ich in Wiesbaden eine Begegnung mit einem Obmann, der meine Prüfung für den Motorbootschein (SBS) abnahm. Wir kamen während der praktischen Prüfung mit dem Motorboot ins Gespräch. Er sagte, er sei früher bei der Hansa Linie als Kapitän auf der DS Axenfels gefahren. Ich antwortete, dass ich auch auf der DS Axenfels als Reiniger gearbeitet hatte. Ob er mir das glaubte, weiß ich nicht. Dadurch hatte ich auch keine Vorteile bei der Prüfung, aber ich habe sie trotzdem mit Bravour bestanden.

Nach einigen Tagen erreichten wir spät in der Nacht Karachi, Pakistan.

*Abb. 3 Einlaufend in die Hafenstadt Karachi.*

Wir ankerten auf Reede und warteten auf den Lotsen. In der Ferne sah ich die Lichter der Stadt Karachi, und es wehte ein leichter Wind von der Stadt zu uns herüber. Er roch nach Kräutern und Stadt, ein unvergesslicher Geruch, den ich heute noch zu riechen meine.

Während der Liegezeit auf Reede musste die Decksmannschaft am nächsten Morgen die Farbe an Deck im Vorschiff abklopfen. Die alte Farbe musste entfernt werden, um an den darunterliegenden Rost zu gelangen. Das wurde mit einer Bohrmaschine mit beweglichem Klopfvorsatz gemacht. Nachdem die Farbe entfernt und der darunterliegende Rost beseitigt war, wurde das Deck mit Rostschutzfarbe gestrichen. Die Decksleute waren dabei mit einem Mundschutz und einer Schutzbrille geschützt.

Sie waren vom Flugrost von oben bis unten verdreckt und sahen aus wie Marsmenschen. Das Schlimmste war der Krach von den Klopfvorsätzen, der so laut war, dass man sich in ihrer Nähe nicht unterhalten konnte. Ich dachte, dass das Schiff sehr alt war, denn man den Rost überall ansah, nicht nur auf dem Deck, sondern auch an den Wänden. Nach 5 Tagen auf Reede kam am Morgen der Lotse und brachte uns an die Pier.

Nachdem wir festgemacht hatten und die Gangway heruntergelassen wurde, strömten wild aussehende Schaulustige an Deck. Einige Männer hatten ihre Frauen und Kinder mitgebracht und setzten sich an der Pier hin, um auf ihre Männer zu warten. Zur Mittagszeit brachten sie ihren Männern das Essen, bestehend aus Reis, der in ein Bananenblatt eingewickelt war.

*Abb.4 Karachi. Die Frauen warteten auf der Pier neben unserem Schiff auf ihre Männer. Mittags brachten sie ihnen ihr Mittagsessen.*

Die Hafenarbeiter brachten auch ihre Toilette mit, bestehend aus einem quadratischen Holzbrett mit einer runden Öffnung in der Mitte. Diese wurden hinten an der Reling befestigt, so dass die Geschäfte direkt ins Hafenwasser fielen.

Unsere Decksleute machten sich einen Spaß daraus, indem sie leise das darunterliegende Bullauge öffneten, und wenn jemand auf der Toilette saß, mit einem spitzen Stock von unten an dessen Geschlechtsteilen stachen. Derjenige verließ daraufhin fluchtartig mit einen Schrei die Toilette.

*Abb. 5 An der linken Seite (Bb) im Holzverschlag stehen die Korbflaschen mit der Salzsäure.*

Das Löschen erfolgte mit einem landseitigen Kran. Zuerst wurden die Lukendeckel entfernt und kaum waren sie weg, stiegen die ersten Hafenarbeiter in die Lücken. Schlag auf Schlag zog der Kran Ballen, Kisten und sogar ein Auto, aus der ein weiterer Kran sollte die Korbflaschen, die auf einer Palette standen, auf einen LKW laden.

Zwei Hafenarbeiter hatten zuvor die Verschalung entfernt, während der andere das Stahlgeschirr an der Palette befestigte und Anweisungen mit der Hand gab, damit der Kranführer nach oben zu fahren soll. Mit einem lauten Knall kippte der Arm vom Kran auf das Deck. Alle schrien und liefen zu dem Hafenarbeiter, der unter dem Kran eingeklemmt lag. Man versuchte ihn unter dem Kran hervorzuziehen.

Da merkte man erst, dass einige Korbflaschen mit Salzsäure zerbrochen waren und ausliefen, in Richtung des eingeklemmten Mannes. Ein Matrose holte schnell einen Feuerlöschschlauch, schloss ihn an die Feuerlöschleitung an Deck an und versuchte mit einem kräftigen Wasserstrahl die auslaufende Säure über Bord zu spülen.

Inzwischen versuchten unsere Matrosen mit unserem eigenen Kran den abgebrochenen Kran anzulüften, was auch gelang. Sie zogen den Verletzten unter dem Kran hervor. Seine lauten Schmerzensschreie wurden leiser bis zu einem Wimmern. Dann war er ruhig. Man sah, dass die Salzsäure seinen Körper angefressen hatte. Er war vor Schmerzen ohnmächtig geworden oder gestorben. Inzwischen kamen die Hafen-Sanitäter mit einer Trage an Bord, legten ihn auf die Trage und brachten ihn von Bord.

Sie legten ihn auf einem mitgebrachten Handwagen und schoben ihn in das unweit von hier befindliche Hafensanitätshaus. Eine Weiterarbeit war derzeit nicht mehr möglich. Erst musste der Kran geborgen werden, dann mussten die zerbrochenen Korbflaschen mit der ausgelaufenen Salzsäure von Bord, außerdem war kein Schauermann mehr an Bord.

Sie alle folgten dem Wagen mit dem Verletzten. Am Nachmittag kamen Handwerker, die den Kran zerlegten und auf ihren LKW luden. Die unbeschädigten Korbflaschen wurden einzeln an Land gebracht und die Scherben in eine Kiste gelegt und ebenfalls entsorgt. Unsere Decksleute konnten nun das Deck säubern und mit Wasser den Rest der Säure vom Deck spülen.

Beim abendlichen Landgang mit unserer Wache Hans, Helmut und Achim fuhren wir mit dem Taxi in die Stadt. Das Taxi war ein alter Mercedes-Wagen, dessen Türen man nur mit Gewalt schließen konnte. Die Fenster standen aufgrund der Hitze alle offen. Das Radio spielte laute und mir unverständliche Musik, der Taxifahrer sang laut dazu. Der Fahrtwind war erfrischend. Während der Fahrt fiel mir auf, dass Kühe auf den Straßen umherliefen oder dort lagen und dass Autos um sie herumfuhren, ohne zu hupen.

In der Altstadt stiegen wir aus und suchten uns ein Restaurant, um unseren Durst zu löschen. Auf dem Fußweg - wenn man das so bezeichnen konnte - lagen Bettler oder Leute, die kein Geld hatten. Mir fiel auf, dass dort unterschiedliche Hierarchien herrschten. Die einfachen Bettler schliefen so, wie sie waren, an der Hauswand, andere hatten Metallbetten, bei denen man die Beine einklappen konnte, und diese wurden dann tagsüber an die Hauswand gestellt.

*Abb. 6 Junge Frau mit Kind in Karachi*

Nach einiger Zeit fanden wir ein Restaurant außen an der Straße mit wackeligen Stühlen und Tischen. Nachdem wir uns ein Bier bestellt hatten und der Ober uns einen Liter Becks Bier in Flaschen brachte - ich war erstaunt, hier das Bremer Becks Bier anzutreffen -, sahen wir uns die Leute an, die bei uns vorbeiliefen. Der Unterschied zwischen Arm und Reich war deutlich zu sehen. Junge Frauen liefen sauber in ihrer Tracht, zum Teil mit ihrem Kind im Arm barfuß an uns vorbei, andere waren weniger sauber angezogen und liefen in zerrissenen, schmutzigen Kleidern herum.

Uns gegenüber sahen wir ein Kino. Hans sagte: »Lass uns dort hingehen.« Wir waren einverstanden. Es gab einen englischen Kriegsfilm, in dem die Deutschen nicht allzu gut abschnitten.

Wir saßen oben auf der Tribüne. Nur für hier oben konnten wir Karten bekommen. Dass Erdgeschoss sagte uns die Kartenverkäuferin: »Sie sind für einheimische Besucher.« Der Film handelte vom 2. Weltkrieg, in dem die Engländer die deutsche Wehrmacht vernichtend geschlagen hatten.

Nachdem der Film zu Ende war, standen wir alle auf, auch die Besucher der unteren Etage. Dann wurde die englische Nationalhymne gespielt. In unserer Etage wurde lauthals mitgesungen, in der unteren Etage hörte man so gut wie keinen Gesang.

Nach dem Kino gingen wir noch mal in das Restaurant, bestellten uns ein Bier. Inzwischen war es dunkel geworden. Die Bettler hatten sich zum Teil schon in ihre Schlafplätze verzogen. Wir bestellten uns ein Taxi und fuhren zurück an Bord. Am nächsten Morgen kamen die Schauerleute wieder zurück an Bord, um weiter zu arbeiten. Da jetzt nur noch ein Kran zur Verfügung stand, nahmen wir unser Ladegeschirr, um die Luke 3 zu entladen. Abends waren wir fertig. Eine Stunde später liefen wir aus nach Bombay (Mumbai).

Die Ankunft in Bombay (Mumbai) war am späten Nachmittag. Nachdem der Lotse an Bord war, ging es gleich in den Hafen. Eine Stunde später lagen wir fest an der Pier. Der dritte Offiz., der die Aufgabe hatte, beim Anlegen des Schiffes dafür zu sorgen, dass die Festmacherleinen von den unseren Decksleuten ordnungsgemäß an den Pollern und an der Pier von den Hafenarbeitern befestigt werden, hatte seine Arbeit auf dem Achterschiff erledigt und ging zurück auf die Brücke. Als er mich sah, sagte er: »Wir werden hier in Bombay fünf Tage bleiben, hier löschen und neues Stückgut für Europa laden.«

Da ich Freiwache hatte, wollte ich an Land gehen. Von meinen Kollegen wollte keiner mitgehen, sie sagten: »Das ist mir jetzt noch zu warm.« Ich ging zum Funker (Zahlmeister) und besorgte mir Geld, zog mich landfein an, schnappte mir den Fotoapparat und ging Richtung Hafenausgang. Es war schwüles, heißes Wetter. Ich nahm mir vor, in der Stadt in einem Restaurant ein kühles Bier zu trinken.

Am Hafenausgang standen Taxis. Ihr Zustand war nicht besser als die in Karatschi. In einem Taxi fehlte die Hintertür. Hier gab es wohl keinen TÜV, sonst würden sie besser aussehen. Ich nahm mir ein Taxi, das noch einigermaßen gut aussah. Auch hier war das Radio voll aufgedreht und der Fahrer sang lauthals die gewöhnungsbedürftigen Lieder mit. In Bombay angekommen, sah ich, dass es hier breite Straßen gab, auf denen Straßenbahnen ohne Scheiben wegen der Hitze fuhren. Anders als in Karatschi lagen hier keine Kühe auf den Straßen herum, sondern es herrschte reger Autoverkehr.

*Abb. 7 Die Straßenbahn in Bombay (Mumbai) ohne Scheiben.*

Nach einer Weile fand ich ein Restaurant in einer Seitenstraße mit Außentischen und Stühlen im Schatten.

Es waren nur wenige Besucher da, und auch auf den Straßen sah man nur vereinzelt Menschen. Wie ich später feststellen sollte, waren die Einwohner abends unterwegs, wenn es kühler war. Ich bestellte mir ein Becks Bier in der Größe von einem Liter. Ob das nur den Europäern serviert wurde oder weil es teurer war, konnte ich nicht herausfinden. Wichtig war nur, dass ich durstig war.

Am Nachmittag fuhr ich mit dem Taxi zurück zum Schiff. Dort wurde ich bereits erwartet, und der 2. Ingenieur sagte, dass eine Pumpe ausgefallen war und repariert werden müsse. Ich sollte dabei helfen. Ich zog mich schnell um und lief nach unten zum Fahrstand, wo ich sah, dass die Pumpe schon auseinandergebaut war. Der 3. Ing. meinte, wir müssen den Propeller erneuern.« Ich dachte mir, dass ich eigentlich Elektriker und kein Maschinist war, sagte aber nichts und bot meine Hilfe an. Außerdem konnte ich dabei etwas lernen. Zum Abendessen machten wir eine kurze Pause, bevor wir weiterarbeiteten. Um Mitternacht war die Pumpe fertig und funktionierte wieder. Ich duschte mich und ging schlafen, es war ein langer Tag gewesen.

Am nächsten Morgen weckte mich der Jungmann von der Mannschaftsmesse und sagte, ich solle nach dem Frühstück beim 2. Ing. vorbeischauen. Dieser sagte, dass der Maschineraum die Flurplatten und die Bilge sauber gemacht werden müsste und ich zusammen mit meinem Kammerkollegen Hans damit sofort anfangen. Wir sollten uns alte Kleidung anziehen, da wir schmutzig werden würden.

Die Arbeit war schweißtreibend; Wir krochen auf den Flurplatten herum und verrenkten uns bei der Reinigung der Bilge, um den Dreck zu entfernen das Kreutz.

Am Abend nahm der 2. Ing. die Arbeit ab und sagte, dass es jetzt wieder einigermaßen aussah. Unsere Körper schmerzten, da das Bücken und das Entfernen der Flurplatten um in die Bilge zu kommen anstrengend war.

Das war das erste Mal, dass ich darüber nachdachte, ob dies der richtige Job für mich war. Ich wollte als Elektriker arbeiten. Ich war der Letzte in der Rangliste und jeder konnte mir sagen, was ich tun sollte, und was nicht. Ich hatte genug und wollte kündigen. Ich beschloss, dem Chief meine Kündigung am nächsten Tag zu geben.

Am nächsten Tag gleich nach der Wache ging ich zum Chief. Er war in seiner Kammer, und ich überreichte ihm mein Kündigungsschreiben. Er las die Kündigung langsam durch und sah mich dann lange an. Er fragte: »Gefällt es dir hier bei uns nicht?« Ich antwortete: »Ich habe hier als E-Reiniger angemustert, mache aber nur Reiniger arbeiten.

Ich als Elektriker wollte hier etwas lernen und mit dem Bord-Elektriker zusammenarbeiten, dazu ist es bis jetzt noch nicht gekommen. So wie es aussieht, wird das auch nichts mehr werden.« Der Chief meinte: »Schade, du bist ein guter Mitarbeiter, aber verstehen kann ich das auch. Ich werde deine Kündigung an unsere Zentrale in Bremen weiterleiten.«

Am Abend während meiner Wache liefen wir aus und fuhren nach Ceylon (Sri Lanka) in den Stadthafen Colombo. Am nächsten Tag sollten wir dort einlaufen.

Wir erreichten Colombo zur Mittagszeit. Der Lotse kam uns schon mit dem Lotsenboot entgegen und brachte uns in den Stadthafen. Nachdem wir festlagen an der Pier, stürmten die Schauerleute an Bord. Sie sahen nicht ganz so wild aus wie ihre Kollegen in Karatschi. Die Kräne an Land waren bei unseren Nachbarschiffen am Arbeiten, sodass sie mit unserem eigenen Ladegeschirr löschen mussten.

Unser Chief sagte: »Morgen ist Sonntag, da arbeiten die Schauerleute nicht. Dann könnten wir einen Ausflug machen. Ich kenne mich hier aus. Was haltet ihr davon?« Ich sagte: »Ich bin dabei.« Der 2. Ing. wollte auch mit und mein Zimmerkollege Hans ebenfalls. Insgesamt waren wir sechs Personen. Danach sprach der Chief mit unserem Agenten, damit er uns einen Wagen mit Fahrer besorgt.

Am Sonntagmorgen stand der Wagen nach unserem Frühstück an der Pier bereit. Wir hatten uns alle fein gemacht. Ich hatte meine Kamera dabei und hoffte, schöne Aufnahmen zu machen. Das Wetter spielte mit, es waren 25 Grad am Morgen, aber mir war klar, dass es zur Mittagszeit wieder über 30 Grad werden würde. Unser Chief sagte im Wagen zum Fahrer, dass wir den ersten Stopp an einer Teeplantage machen sollte, und der Fahrer nickte.

*Abb. 8 Teepflückerinnen*

*Abb. 9 Wir besuchten eine Teeplantage.*

Nach einer halben Stunde Fahrt erreichten wir die Plantage. Beim Pförtner meldete der Fahrer uns an. Kurze Zeit später kam ein junger Mann auf uns zu. Er war europäisch gekleidet und sprach uns auf Deutsch an: »Willkommen auf der Plantage. Mein Name ist Klaus, ich werde Sie durch die Plantage führen.« Er sagte, er studiere hier in Colombo und verdiene sich während der Semesterferien hier etwas Geld dazu.

Er zeigte uns eine große, gepflegte Teeplantage. Obwohl wir heute Sonntag hatten, wurde hier gearbeitet.

Die Pflückerinnen hatten einen großen Korb auf dem Rücken, in den sie die gepflückten Teeblätter warfen. Klaus sagte, sie dürften nur die frisch gewachsenen Blätter nehmen, die dürften nur am Morgen gepflückt werden, denn dann seien sie noch frisch. Von hier aus müssten sie dann schnell in die Trocknungsanlage gebracht werden, bevor sie welken.

Nach einer halben Stunde verließen wir wieder die Plantage. Klaus sagte: »Bevor ihr geht, zeige ich euch noch die Teeverkaufsstelle.« Dort sah ich mehrere Kisten in verschiedenen Größen, in denen Tee verpackt war.

Ich dachte, davon nehme ich mir eine mit. Ich suchte mir eine kleine Schachtel in der Größe einer Zigarrenschachtel und erwarb sie für wenig Geld. Im Bus sagte der Chief, dass wir jetzt zu einem großen Tierpark fahren würden, in dem die meisten Tiere frei herumlaufen.

Nach einer halben Stunde kamen wir am Eingang an, wo ein großes Schild mit der Aufschrift ‚Tierpark mit freilaufenden Tieren - bleiben Sie auf den Wegen' stand. An der Kasse konnte man Erdnüsse kaufen, und der Chief sagte, dass sie für die frei herumlaufenden Affen gedacht seien. Wir kauften jeder eine kleine Tüte, aber das hätten wir besser nicht tun sollen.

Als wir durch das Eingangstor gingen, sahen wir Affen auf den Bäumen sitzen. Als sie uns sahen und bemerkten, dass wir Nüsse in der Hand hatten, liefen sie auf uns zu, sprangen auf unsere Schultern oder klammerten sich an unsere Arme und entrissen uns die Erdnusstüten. Wir versuchten, sie abzuschütteln, aber es war zwecklos. Sogar einer der Affen saß auf dem Kopf des Chiefs.

*Abb. 10 Der Überfall der Affen im Tierpark*

Sie liefen erst wieder weg, nachdem sie alle unsere Tüten entrissen hatten. Mit viel Geschrei eilten sie zu ihren Bäumen. Die Affen, die keine Tüten abbekommen hatten, versuchten jetzt, einem anderen Affen mit einer Tüte diese zu entreißen, was zu einem wilden Kampf führte. Nachdem sie weg waren, sahen wir uns an und sagten: »Was war denn das?« Der zweite Ingenieur sagte: »Wir können froh sein, dass sie uns nicht gebissen haben.«

Wir gingen weiter und sahen Elefanten in einem großen Gehege, wo sie viel Platz hatten und niemand sie störte. Wir gingen an Giraffen und anderen Tieren vorbei. Nach zwei Stunden sagten wir uns: »Das reicht.« Die Sonne meinte es gut mit uns, wir schwitzten. Ich sagte: »Lasst uns zum Wagen gehen und in einem schönen Restaurant essen.«

Wir fragten den Fahrer, ob er ein gutes Restaurant am Wasser kannte, und er nickte. Während der Fahrt dorthin kamen wir an einem See vorbei, in dem Elefanten badeten. Wir riefen: »Hier anhalten, das wollen wir sehen!«

*Abb.11 Auf der Fahrt zu einem Restaurant sahen wir diese badenden Elefanten.*

Der Fahrer brachte uns zu einen schönen Restaurant am Wasser mit einem Vorbau, der direkt ins Wasser ragte. Wir fanden einen Tisch, an dem wir alle Platz hatten. Wir bestellten uns ein Becks Bier und Lobster. Wie wir feststellten, konnte man hier Lobster essen, bis man satt war, für nur 10 Mark. Hier im Schatten konnte man es aushalten. Ich sah neben uns einen Angler im Wasser auf einem Stab sitzen. Solange wir schon hier waren, hatte er noch keinen einzigen Fisch gefangen.

Bei einem Bier blieb es nicht; Es wurde eine fröhliche Runde. Spät am Abend fuhren wir wieder an Bord, und wir waren uns alle einig: Das war heute ein gelungener Tag.

Nach 4 Tagen Aufenthalt in Colombo ging es jetzt nach Djibuti. Ab jetzt begann die Heimreise. Ich freute mich auf meine Familie, Freunde und auf Bremen. Nachdem der Lotse von Bord war und wir wieder Marschgeschwindigkeit fahren konnten, fuhren wir in den Indischen Ozean Richtung Afrika nach Djibuti. Es liegt am Horn von Afrika, vor der Einfahrt zum Roten Meer.

In meiner Wache fuhren wir in die Bucht von Dschibuti ein. Wir warteten auf den Lotsen, und über Funk sagte man uns, dass erst am Nachmittag ein Platz im Hafen frei wird. Wir legten uns vor Anker und warteten auf den Lotsen.

Am Nachmittag kam ein Boot längsseits, und dort stiegen weiß gekleidete uniformierte Personen auf unsere Gangway zu uns an Bord. Sie wurden vom 3. Offiz. empfangen. Es waren Zollbeamte, der Hafenkapitän und die Einwanderungsbehörde.

Nachdem sie alles kontrolliert und für in Ordnung befunden hatten, gingen sie bepackt mit Kartons zurück auf ihr Boot. Eine Stunde später kam der Lotse, und er brachte uns in den Hafen. Ich hatte Freiwache und wollte an Land. Ich zog mich landfein an, schnappte mir den Fotoapparat und ging in die naheliegende Stadt. Bald merkte ich, dass ich hier in einem Vorort von Dschibuti war. Hier waren nur alte Hütten zu sehen und ein alter, windschiefer Brunnen. Den wollte ich fotografieren.

Ich suchte mir die schönste Seite des Brunnens aus und drückte auf den Knopf. Plötzlich hörte ich Geschrei und ein junges schwarzes Mädchen versuchte mir den Fotoapparat aus den Händen zu reißen. Ich wehrte sie so gut wie möglich ab und hielt meinen Fotoapparat über meinen Kopf. Sie sprang an mir hoch, um ihn zu bekommen. Da sie immer lauter schrie, hörte das ein Polizist und schickte das Mädchen weg.

Der Polizist fragte mich, ob ich das Mädchen fotografiert hätte. Ich antwortete, dass ich nur den Brunnen fotografiert hatte. Er erklärte mir, dass die Menschen hier noch sehr abergläubisch seien und das Mädchen jetzt glaube, dass ihre Seele im Fotoapparat sei. Ich dachte mir, wo bin ich hier nur gelandet und wollte schnell wieder an Bord.

Die Schauerleute arbeiteten die ganze Nacht durch und so konnten wir am Mittag auslaufen. Eine Stunde später erreichten wir das Horn von Afrika und ab jetzt begann das Rote Meer. Ankunft in Suez war am frühen Morgen. Wir warteten auf den Lotsen, der uns für die Durchfahrt durch den Suezkanal aufstellen sollte.

Zwei Stunden später kam der Lotse, wir lichteten den Anker und reihten uns in die fließenden Schiffe ein. Am Abend erreichten wir Port Said und der Lotse stieg von Bord. Wir waren nun wieder im Mittelmeer und wurden von einer ruhigen See und einer Temperatur von 25 Grad empfangen.

Unser nächster Hafen war Malaga in Spanien. Wir erreichten Malaga zur Mittagszeit und legten uns auf Reede, um auf den Lotsen zu warten. Kurz darauf sah ich das Lotsenboot kommen, es legte seitlich an, damit der Lotse über die Hängeleiter an Bord kommen konnte.

Nachdem er am Bord angekommen war, führte ihn der 3. Offiz. zur Brücke.

Eine Stunde später lagen wir fest an der Pier, wo die Schauerleute schon auf uns warteten. Nachdem die Gangway heruntergelassen wurde, strömten die Schauerleute an Deck. Der 2. Offiz. gab Anweisungen an den Vorarbeiter, welches Ende beladen oder entladen werden sollte.

Mein Kammerkollege Hans und ich beschlossen, an Land zu gehen. Als wir zur Gangway gingen, sah uns Helmut, unser Ing. Assi., und fragte, ob wir mit ihm kommen wollten. Nachdem wir das Hafengebiet verlassen hatten, suchten wir uns ein Taxi, das uns in die Stadt brachte.

Ich sagte zu meinen Kollegen: »Wir sind hier in Malaga und ich möchte unbedingt den berühmten Malagawein probieren.« Unweit von der Stierarena fanden wir in einer Seitenstraße eine kleine Weinstube und kehrten ein.

Beim Betreten konnte ich schon den Wein riechen, der hinter der Theke in Holzfässern aufgestapelt war. Ich nehme an, dass in jedem Fass ein anderer Wein war und ich wollte sie alle probieren.

Die Wände waren mit Weinreben verziert. An den Fenstern standen Tische mit je vier Stühlen. Wir setzten uns an den Tisch, der Wirt fragte, welchen Wein wir wollten. Ich zeigte auf ein Fass, meine Kollegen nickten, den wollten sie auch haben. Er brachte uns einen dunkelroten Wein. Nachdem wir ihn probiert hatten, sahen wir uns nur an und nickten. Hans sagte: »Bei dem Wein bleibe ich.« Ich probierte die anderen Fässer noch durch, kam aber immer wieder zum ersten Wein zurück. Nach dem vielen Wein bekamen wir Hunger. Der Wirt meinte, er könnte uns Tapas machen, was das auch immer sein mochte. Wir sagten: »OK« Hans sah auf seine Uhr und sagte: »Ich muss los, meine Wache fängt gleich an.«

Also bezahlten wir und liefen schaukelnd zurück an Bord. Ich fragte mich, wie er bei dem vielen guten Weingenuss noch Wache gehen konnte. Der Wachhabende 2. Ing. sah seinen Zustand und sagte: »Hau dich in die Koje und schlaf deinen Rausch aus.«

Ich war nach dem Abendbrot an Deck. Es wurden große Fässer Wein verladen. Ich fragte den 3. Offiz. für wen sind seien. Er sagte: »Die gehen nach Bremen zum Ratskeller.«

Am nächsten Tag sollten wir auslaufen. Hans sagte: »Ich habe noch spanisches Geld.« Ich meinte: »Ich auch. Was hältst du davon, wenn wir das Zusammenlegen und uns den guten Wein von der Gaststätte holen?« Ich sagte: »Ich kann nicht an Land, ich muss zur Wache.« Er meinte: »Dann gehe ich.« Ich sah noch, während ich zur Wache ging, wie er mit einem Eimer von Bord ging. Als ich von der Wache kam, sah ich, dass er einen halben Eimer mit Rotwein geholt hatte. Ich sagte: »So viel Wein hast du für unser Geld bekommen?«

Ich habe dem Wirt gesagt, dass wir bei der nächsten Fahrt bei ihm wieder einkehren. Da hat er mir den Wein zum Sonderpreis gegeben. Den werden wir nach der Wache genüsslich trinken.

Am nächsten Morgen liefen wir aus. Das Wetter war bescheiden. Es regnete und es wehte ein kräftiger Wind.

Ich hatte Wache. Nachdem der Lotse von Bord war und wir Marschgeschwindigkeit fuhren, wurden wir im Maschinenraum hin und her geschmissen. Nach einer Viertelstunde dieser Schaukelei klingelte der Telegraf auf halbe Fahrt.

Nach meiner Wache legte ich mich in meine Koje. Damit ich nicht aus dem Bett fiel, steckte ich das rückseitig befindliche Schlingerbrett nach vorne und zwischen Bett und Matratze. Aber schlafen konnte ich bei dieser Schaukelei nicht.

Unser nächster Hafen war Dünkirchen in Frankreich. Wir erreichten Dünkirchen um die Mittagszeit. Der Lotse brachte uns in den Hafen. Eine halbe Stunde später lagen wir fest an der Pier. Unser Agent hier in Dünkirchen wartete schon auf uns. Nachdem die Gangway unten war, lief er schnell zum Kapitän. Anschließend kam er in unsere Messe vorbei und sagte: »Hier in Dünkirchen sind deutsche Schiffe nicht gern gesehen, aus bekannten Gründen.« (Während des Zweiten Weltkriegs wurde Dünkirchen von unserer Wehrmacht zerstört.)

»Wir sollten nach Möglichkeit nicht an Land gehen. Die Bevölkerung hat das noch nicht vergessen. Es kommt immer wieder zu Übergriffen.« Ich wollte trotzdem an Land. Ich war damals bei Kriegsende erst acht Jahre alt gewesen. Ich hatte mit dem Krieg nichts zu tun. Ich konnte Hans überreden, mitzukommen, und meldete uns beim Chief ab. Der sagte: »Seid vorsichtig, geht in keine Kneipe oder dunkle Seitengassen.« In der Stadt angekommen, sah ich, dass die Kriegsschäden im Jahr 1957 noch zu sehen waren.

Die meisten Häuser waren neu aufgebaut worden, aber es gab noch viele Ruinen zu sehen. Hans sagte komm las uns wieder an Bord gehen, ich fühle mich hier in dieser Stadt nicht wohl. Jetzt in unserer heutigen Zeit ist das undenkbar, die Franzosen und die Deutschen sind Freunde geworden.

Am nächsten Tag liefen wir wieder aus, unser nächster Hafen war Hamburg. Bei ruhiger See, aber kalter regnerischer Fahrt, erreichten wir die Einfahrt in die Elbe. Der Lotse steuerte sein Boot längsseits unserer Galway. Oben angekommen nahm ihn der 3. Offiz. in Empfang. Der Lotse sagte zum 3. Offiz.: »Willkommen in Deutschland«. Der sagte danke und ging mit ihm zur Brücke.

Nach fünf Stunden Fahrt auf der Elbe erreichten wir den Hamburger Hafen. Nach einer weiteren Stunde lagen wir fest an der Pier. Herrlich wieder in Deutschland zu sein, dachte ich mir, die deutsche Sprache an Land wieder zu hören. Das Erste was ich machte wollte war an Land zu gehen, um meine Familie anzurufen, dass ich wieder in Deutschland eingelaufen bin.

Nach zwei Tagen Aufenthalt in Hamburg, liefen wir aus nach Bremen. Dort am frühen Morgen angekommen, verabschiedete ich mich vom Chief und Kollegen, nahm meinen Seesack und verließ die DS Axenfels.

# MS Liebenstein

*Abb. 12 MS Liebenstein*

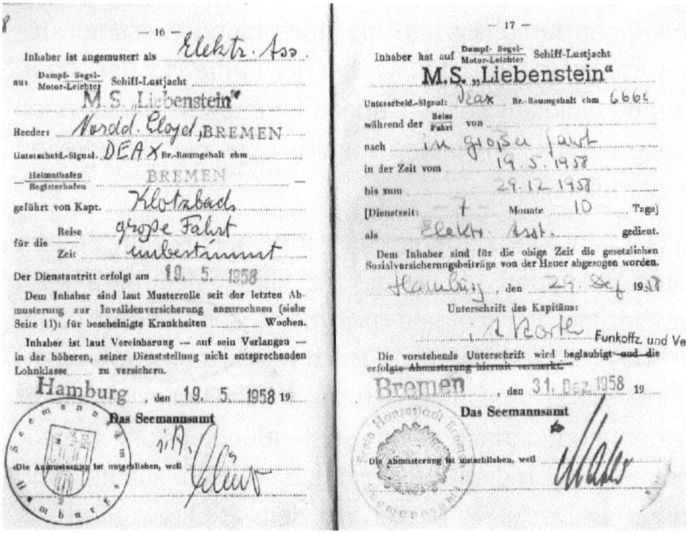

— 16 —

Inhaber ist angemustert als Elektr. Ass.

auf Dampf- Segel- / Motor-Leichter Schiff-Lustjacht

M.S. „Liebenstein"

Reeder: Nordd. Lloyd, BREMEN

Unterscheid.-Signal. DEAX Br.-Raumgehalt cbm

Heimathafen / Registerhafen BREMEN

geführt von Kapt. Klotzbach

für die Reise: große Fahrt

Zeit: unbestimmt

Der Dienstantritt erfolgt am 19. 5. 1958

Dem Inhaber sind laut Musterrolle seit der letzten Abmusterung zur Invalidenversicherung anzurechnen (siehe Seite 11): für bescheinigte Krankheiten ........ Wochen.

Inhaber ist laut Vereinbarung — auf sein Verlangen — in der höheren, seiner Dienststellung nicht entsprechenden Lohnklasse ...... zu versichern.

Hamburg, den 19. 5. 1958 19..

Das Seemannsamt

i.A.

Die Anmusterung ist unterblieben, weil ..........

— 17 —

Inhaber hat auf Dampf- Segel- / Motor-Leichter Schiff-Lustjacht

M.S. „Liebenstein"

Unterscheid.-Signal: Deax Br.-Raumgehalt cbm 6662

während der Reise / Fahrt von ..........

nach in großer Fahrt

in der Zeit vom 19. 5. 1958

bis zum 29. 12. 1958

[Dienstzeit: 7 Monate 10 Tage]

als Elektr. Asst. gedient.

Dem Inhaber sind für die obige Zeit die gesetzlichen Sozialversicherungsbeiträge von der Heuer abgezogen worden.

Hamburg, den 29. Dez 1958

Unterschrift des Kapitäns:

i.A. Korte Funkoffz. und Ve

Die vorstehende Unterschrift wird beglaubigt ~~und die erfolgte Abmusterung hiermit vermerkt.~~

Bremen, den 31. Dez. 1958 19..

Das Seemannsamt

Die Abmusterung ist unterblieben, weil ..........

*Abb. 13*

## *MS Liebenstein NDL Bremen*

*19.05.1958 – 29.12.1958*

E-Assistent Kanarische Inseln

Nach meiner Abmusterung von der DS Axenfels besuchte ich erneut das Personalbüro des Norddeutschen Lloyds. Herr Schmidt teilte mir mit, dass derzeit keine Stelle als E-Assi. verfügbar sei. Ich war überrascht, als er mich wenige Tage später anrief und mir mitteilte, dass eine Stelle als E-Assistent auf der MS Liebenstein verfügbar sei, die ich bekommen könnte.

Das Schiff fährt zu den Kanarischen Inseln und läuft am 19. Mai im Bremer Europa Hafen ein, wo ich an Bord gehen müsste. Die Ankunftszeit könnte ich aus den Bremer Zeitungen entnehmen oder ihn anrufen. Ich akzeptierte das Angebot und wir machten alle notwendigen Unterlagen fertig. Er gab mir auch einen Gutschein für eine Khaki-Uniform, den ich bei der Firma H.v.der. Aa in Bremen einlösen sollte. Danach kehrte ich schnell nach Hause zurück, um meine Familie über die Neuigkeiten zu informieren.

Am 19. Mai fuhr ich morgens mit dem Taxi zum Europa Hafen Schuppen 11, wo die MS Liebenstein bereits an der Pier lag. Ich meldete mich beim Chief und er sagte mir, dass es gut sei, dass ich da sei, denn wir würden heute Abend auslaufen. Ich solle mich beim Elektriker melden und danach mein Seefahrtsbuch zum Funker bringen. Als ich die Kammer des Elektrikers suchte, fand ich ihn an Deck, wo er sich mit dem 2. Offiz. unterhielt. Ich stellte mich den beiden vor und der Elektriker sagte mir, er würde mir meine Kammer zeigen, die ich mit einem Ing. Assi. Hermann teilen würde. Dort könne ich meine Sachen verstauen und dann solle ich wieder zu ihm kommen, um das Schiff zu besichtigen.

Ich räumte meine Sachen in den freien Schrank und Schubfach ein und zog meine Uniform an, bevor ich zum Elektriker ging. Helmut, der Elektriker, erklärte mir, dass unsere Reise zu den Kanarischen Inseln gehen würde, von wo aus wir Bananen und Tomaten holen würden. Die Reise würde sechs Wochen dauern, von Hamburg zu den Kanarischen Inseln und zurück.

Während wir an Deck entlanggingen, zeigte Helmut auf die Ladewinden und sagte: »Die müssen wir in Schuss halten. Die werden in den kleinen Häfen, wo es keine Kräne gibt, benötigt. Da müssen dann die Schauerleute mit unserem Ladegeschirr löschen.« Im vorderen Windenhaus zeigte mir die E-Werkstatt. Nachdem er aufgeschlossen hatte, sah ich eine aufgeräumte Werkstatt mit einer großen Werkbank und einem großen Metallschrank.

Dort zeigte er auf den Schrank und sagte: »Hier sind diverse Zubehörteile darin, wie Kugellager für die E-Motoren, Kabel, Glühlampen usw.« Er schloss die Werkstatttür wieder zu und sagte: »Es ist Mittagszeit, lasst uns essen gehen. Mal sehen, was der Koch heute für uns gebrutzelt hat.«

Zu den Mahlzeiten sagte Helmut: » Müssen wir immer in Uniform gehen.« Als ich in die Messe kam, sah ich zwei große runde Tische: Den einen für die nautischen Offiz. und den Funker; am anderen Tisch saßen die Ingenieure mit dem Elektriker und den Ing.- und E-Assis. Helmut stellte mich kurz vor, zeigte mir meinen Platz und wir setzten uns an den Tisch. Auf dem Tisch lag die Speisekarte, die Helmut lange studiert hatte, danach reichte er sie mir herüber. Es gab als erstes eine Suppe, danach die Hauptspeise und zuletzt einen Nachtisch.

Unsere Mahlzeiten wurden von einem Steward serviert, der die Speisen aus der Kombüse unter unserem Deck holte. Einige hatten Sonderwünsche und, wollten nur zwei Kartoffeln, andere mehr Gemüse, für den Steward war es schwierig, alles im Kopf zu behalten.

Bei schlechtem Wetter sagte Helmut, würden die Tische mit nassen Tüchern ausgelegt, damit die Teller nicht über den Tisch rutschen.

*Abb. 14 Meine erste Reise als E-Assistent.*

Ich dachte, was für ein Unterschied zur DS Axenfels! Hier war alles sauber und gepflegt, hier gab es kein Fluchen oder Schreien der Anwesenden. Hier herrschte eine Atmosphäre wie in einem guten Restaurant. Nach dem Essen sagte Helmut: »Jetzt zeige ich dir den Maschinenraum.«

Auch hier überragte die Maschine zwei Decks, nur dass es hier keinen Dampfmotor, sondern einen Dieselmotor gab. Helmut sagte: »Das ist ein ganz besonderer Motor, der ist Doppeltwirkend. Er hat oben und unten je einen Zylinder mit einer Einspritzdüse. Der Motor ist für Diesel und Schweröl ausgelegt. Mit Diesel wird nur bei Manövern gefahren, auf See mit Schweröl. Bei Schweröl verstopfen häufig die Düsen, dann muss der Motor während der Fahrt abgestellt werden und die defekte Düse ausgewechselt werden, was bei Seegang sehr schwierig ist.«

Weiter ging es: »Unsere Aufgaben sind die gesamte Elektrik auf dem Schiff zu überwachen und falls nötig zu reparieren. Im Maschinenraum müssen wir die Elektromotoren warten. Da wir hier an Bord Gleichstrom haben, sind sie sehr anfällig. Die drei Generatoren müssen je nach Bedarf an der Schalttafel zu- oder abgeschaltet werden. Deine Aufgabe ist es bei Manövern den Maschinentelegraf zu bedienen und die Zeiten in die Kladde einzutragen. Das kannte ich schon von der DS Axenfels. Ich werde dich zum Essen ablösen«.

Am Abend nach dem Essen kam der Lotse an Bord, kurze Zeit später legten wir ab. Inzwischen hatte ich meinen Kammerkollegen kennen gelehrt, während mein Arbeitspäckchen anzog kam er in die Kammer, er sagte: »Du bist mein neuer Zimmerkollege, sei willkommen. Mein Name ist Hermann«, und ich sagte: »Ich heiße Claus.« »Ich muss in den Maschinenraum«, sagte Hermann, »wir sehen uns nachher wieder.«

Ich ging in den Maschinenraum zum Maschinentelegraf. Dort standen die Kollegen von der 4 – 8 Uhr-Wache des 2. Ing. vollzählig am Fahrstand. Ich stellte mich den 2. Ing. vor, den ich noch nicht kannte, er sagte: »Mein Name ist Karl, auf gute Zusammenarbeit.«

Nach vier Stunden Fahrt erreichten wir die Außenweser. Dort ging der Lotse von Bord. Unser nächster Hafen war Gran Canaria - Las Palmas. Nach Tagen ruhiger Fahrt, die See war glatt wie in einen Ententeich, auch in der gefürchtete Biskaya, erreichten wir Las Palmas.

Nachdem wir an der Pier festgemacht hatten, begannen die Schauerleute gleich die mitgebrachte Ladung zu löschen. Der nächste Tag, es war ein Sonntag, beim Frühstück sagte Hermann, mein Zimmerkollege, zu mir: »Ich will mir den Bandama-Krater ansehen, willst du mit?

Ich habe mich schon erkundigt, der Bus fährt hier am Busbahnhof am Hafen ab.« Das wollte ich auf jeden Fall. Wir gingen zum Funker, holten uns einen Landgangsausweis und spanisches Geld. Meldeten uns beim Chief ab und marschierten zum Hafenausgang. Der Busbahnhof war gleich am Hafenausgang, wir kauften uns die Fahrkarten und hörten vom Verkäufer, dass der Bus in ca. einer halben Stunde kommt. Bis dahin überbrückten wir die Zeit im benachbarten Café mit Kaffee trinken.

*Abb.15 Gran Canaria. Unser Ausflug, zum Bandama-Krater.*

Die Fahrt ging vorbei an Bergdörfern, reizvollen Berglandschaften und immer wieder Hinweisschildern in Schwarz-Weißer Aufschrift: »Bandama Krater«.

Nach einer Stunde erreichten wir die Haltestelle »Bandama – Kraterumrandung« und stiegen aus. Der Busfahrer sagte uns: »Der Bus fährt jede Stunde von hier nach Las Palma.« Wir sahen ein Schild »Aussichtspunkt«, dem folgten wir. Die Wege waren gut zu laufen, nach einer halben Stunde erreichten wir den Krater. Am Krater stand ein Schild auch in Deutsch: »Achtung, nicht zu nah an den Rand gehen, Absturzgefahr.«

Bei uns in Deutschland hätte man einen Zaun vorgesehen, in Spanien sehen sie das lockerer. Die Aussicht war toll, unser Blick ging bis nach Las Palmas. Wir sahen Pinienwälder und große Kakteen. Wir sahen Besucher, die in den Krater wollten, ausgerüstet mit Rucksack und Wanderschuhen.

Wir waren uns einig: Das machen wir nicht, wir sind nicht danach angezogen. Es war Mittagszeit, wir wollten uns ein schönes Restaurant suchen. Hermann meinte: »Ich habe während wir hierher gingen, eins gesehen, mit Blick auf den Krater. Lass uns dort hingehen.«

Ich konnte von weitem das Schild schon sehen: »Kaffee Vino Bar«. Wir fanden draußen einen Tisch mit Blick auf den Krater. Ich bestellte mir ein Glas Rotwein und zum Essen Tapas. Helmut sagte: »Ich nehme das Gleiche.« Der Wein war dunkelrot und schmeckte hervorragend. Bei einem Glas Rotwein blieb es nicht.

Auch eine Platte Tapas bestellte ich nach. Am Nachmittag verließen wir die Gaststätte und gingen zur Bushaltestelle. Wir wollten nach Las Palmas. Es reichte für heute. Der Wein tat auch seine Wirkung. Eine Stunde später waren wir wieder in Las Palmas. Hermann sagte:

»Es reicht für heute. Ich will an Bord, mich duschen und in meine Koje legen.«

An Bord waren sie fleißig am Laden: Tomaten und Bananen für Bremen und Hamburg. Mir fiel auf, dass die Tomaten und Bananen kleiner waren als die mir bekannten Sorten. Wie ich später feststellen sollte, waren die Bananen wohlschmeckend und sehr süß.

Am nächsten Morgen beim Frühstück fragte ich den Elektriker, ob ich mir heute Morgen die Altstadt von Las Palmas ansehen könnte. Ich wäre zum Mittagessen wieder da. Er meinte: »Es liegt zurzeit nichts Wichtiges an. Von mir aus kannst du gehen. Melde dich beim Chief ab.«

In der Altstadt angekommen, wanderte ich durch die schmalen, gepflasterten Straßen bis zur Plaza. Dort sah ich die große, mächtige Kathedrale Santa Ana. Im Eingangsportal stand auch auf Deutsch: »Besichtigung zurzeit nicht möglich wegen Renovierung.« Schade, die hätte ich mir gerne angesehen.

In der Nähe der Kathedrale lag der Wochenmarkt. Dort sah ich ein emsiges Treiben, wo die meisten mit Körben in der Hand frisches Gemüse und Fisch einkauften und beim einheimischen Käse Schlange standen. Andere saßen in dem kleinen Café und unterhielten sich lautstark, einschließlich der Marktleute. Es war so laut, dass man sie schon von weitem hören konnte.

Pünktlich zum Mittagessen war ich wieder an Bord. Meldete mich beim Elektriker und dem Chief zurück. Dort erfuhr ich, dass wir heute Abend noch auslaufen nach Teneriffa.

Teneriffa erreichten wir am frühen Morgen. Der Lotse führte uns gleich in den großen Hafen an die Pier. Nachdem wir festlagen, fingen die Schauerleute gleich Bananen und Tomaten an zu laden. Vom Chief erfuhr ich, dass wir heute Abend noch auslaufen werden. Da der Elektriker Helmut mir am Abend sagte, »Morgen in Teneriffa müssen wir den Motor der Frischwasserpumpe reparieren. Das wird den ganzen Tag dauern«, war für mich ein Landgang gestrichen.

Wir demontierten den Motor von der Pumpe, trugen ihn in die E-Werkstatt, zerlegten ihn und reinigten alle Teile komplett mit Tri-Reiniger, drehten den Kollektor einen Zehnten-Millimeter an der Drehbank ab.

(Das hatte ich auf der Adler Werft gelernt). Wir setzten neue Kugellager ein, bauten ihn wieder zusammen. Danach habe ich den Motor neu lackiert und nachdem die Farbe getrocknet war, haben Hermann und ich ihn wieder eingebaut und elektrisch angeschlossen. Am Nachmittag war alles erledigt.

Hier in Teneriffa im Hafenbüro konnte man Bananenstauden verpackt und Tomaten in Kisten kaufen. Hermann sagte, dass er eine Staude kaufen wollte. Ich wollte auch eine Staude, eventuell auch eine Kiste Tomaten, je nach Größe der Verpackung, mit nach Hause zu meinen Eltern nehmen.

Mein Vater erzählte mir früher im Hafen in Bremen Fruchthof, dass er für den Vertrieb und die Lagerung von Bananen zuständig war. Er wusste alles über Bananen und deren Lagerung. Er würde sich freuen, wenn ich eine Staude mitbringen würde.

Hermann und ich gingen zum Hafenbüro. Dort fragten wir den Hafenmeister, ob wir Bananen kaufen könnten. Er nickte und zeigte auf Bananenstauden, die verpackt in verschiedenen Größen vor der Waage lagen. Ich suchte mir eine kleine Staude aus, er wog sie ab und ich konnte sie für wenig Geld kaufen.

Die Tomaten waren in so großen Kisten verpackt, dass meine Familie sie unmöglich, bevor sie schlecht wurden, essen konnte. Also kaufte ich keine. Hermann und ich trugen unsere Stauden an Bord. Er sagte, er bringe seine Staude in unsere Kammer, damit er jederzeit davon essen könne. Ich brachte meine Staude in den kühlen Rudermaschinenraum.

Am Abend liefen wir wieder aus. Nachdem der Lotse von Bord war, ging es Richtung Hamburg nach Hause. Ich hatte meine täglichen Arbeiten zu erledigen. Am Morgen nach dem Frühstück machte ich meinen Rundgang. Als erstes kam die Rudermaschine dran. Hier kontrollierte ich, ob sie Öl verliert, da sie mit Öldruck gesteuert wurde. Wenn alles in Ordnung war, ging ich in den Maschinenraum und zur Schalttafel.

Ich sah mir die Instrumente an, um sicherzugehen, dass alles in Ordnung war, und fragte den Wachhabenden 3. Ing., ob es Elektroprobleme gab. Wenn nicht, ging ich in die E-Werkstatt. Dort lagen bereits verschiedene Geräte, die repariert werden mussten. Dazu gehörten tragbare Lampen, die für die Ausleuchtung der Luken beim Löschen der Ladung benötigt wurden. Diese wurden nicht pfleglich behandelt, wodurch der Lampenschirm verbogen wurde oder das Kabel abgequetscht wurde und die Glühlampen kaputtgingen und ersetzt werden mussten.

Ich musste auch Batterien für die Notbeleuchtung aufladen und so weiter. Damit war ich tagsüber voll ausgelastet.

Mein Zimmerkollege Hermann, der 4 – 8 Uhr-Wache hatte, erzählte einem Wachkollegen, dass ihm nachts im Schlaf ein behaartes Tier über das Gesicht gelaufen sei. Keiner glaubte ihm die Geschichte und riet ihm, weniger Alkohol zu trinken und noch andere schlaue Weisheiten zu befolgen. Nach der Wache erzählte er mir auch davon und fragte, ob ich etwas bemerkt hätte. Ich antwortete, dass ich nichts bemerkt hatte.

Bei der nächsten 4–8 Uhr–Wache sagte Hermann, dass das Tier wieder über sein Gesicht gelaufen sei. Da hätte er zugeschlagen, dabei verlor das Tier ein Bein. Er zeigte ein 2 cm langes behaartes Bein. Nun glaubten ihm die anderen.

Man war sich einig, dass es nur eine Vogelspinne sein konnte, die er mit seiner Bananenstaude mitgebracht hatte. Jetzt begann die Suche nach dem Tier. Vom Steward hatte er eine Sprühdose mit Kakerlaken- Bekämpfungsmittel erhalten. Damit sprühte er in jedes Loch im Fußboden und in der Wand ein paar Mal am Tag hinein, und dann war Ruhe.

Ein paar Monate später, an Heiligabend, waren wir auf dem Weg nach Hamburg, als wir in der Biskaya in einen starken Sturm gerieten. Wir hatten in unserer Offiziersmesse einen Tannenbaum von Deutschland mitgebracht, der von einem Steward geschmückt worden war. Ein großer Topf mit warmem Rotwein stand auf einem

Beistelltisch und daneben stand eine Flasche Rum zur Verbesserung des Weines.

Das Schiff fing an zu stampfen und der Tannenbaum schaukelte mit. Wir liefen zum Rotweintopf und banden ihn fest am Tisch. Bei der nächsten großen Welle fiel der Tannenbaum um und unser schönes Weihnachtsessen auf dem Tisch setzte sich in Bewegung. Wir versuchten es festzuhalten, was jedoch nicht gelang, und es polterte auf den Boden. Unsere Offiz. und Ings. hatten alle ihre blaue Ausgehuniform angezogen, die nun auch beschmutzt wurde.

Dann hörten wir laut die Klingel auf unserem Flur, das war ein Ingenieursalarm. Wir mussten alle schnellstmöglich in den Maschinenraum kommen, so wie wir waren. Unten angekommen hörten wir schon, dass die Hauptmaschine unrund lief. Bei einem Zylinder mussten die Einspritzdüsen gewechselt werden.

Der Chief rief oben auf der Brücke an und erklärte, dass wir den Motor abstellen müssten. Sie sagten, dass das Schiff ohne Motor nicht mehr zu steuern sei und zum Spielball der Wellen werden würde. Wir sollten dem Motor so schnell wie möglich wieder zum Laufen bringen.

Nachdem der Motor abgestellt war, stampfte das Schiff noch kräftiger. Wenn es ging, hielten wir uns an etwas Stabilerem fest. Inzwischen hatte der Wach-Ing. festgestellt, dass der Zylinder 3 die Einspritzdüse verstopft war und gewechselt werden musste. Durch die Schaukelei auf dem Schiff war es schwierig, die Schrauben der Düse zu lösen. Zwei Mann versuchten, das zu bewerkstelligen. Der eine versuchte die Schrauben zu lösen, der andere hielt ihn fest, sodass er nicht wegrutschen konnte. Nach einer halben Stunde lief der Motor wieder und wir konnten zurück zur Messe gehen.

Dort fanden wir eine Trümmerlandschaft vor. Der Steward hatte versucht, so gut wie möglich die beweglichen Teile wie Teller und Schüsseln abzuräumen, was ihm aber nicht gelang. Gerettet hatte er den Topf mit Rotwein, indem er eine Decke darauf festbinden konnte. Aber feiern wollte keiner mehr. Die Kollegen der nächsten Wache lösten die jetzige Wache früher ab, aber zu essen gab es nichts mehr, außer einen Nachtisch, den die Kombüse retten konnte.

Ich versuchte zu schlafen, aber auch in der Koje wurde man hin und her geschüttelt. Ich steckte das Schlingerbrett nach vorn und keilte mich mit den Knien daran fest. Am nächsten Morgen war es ruhiger. Die See hatte sich beruhigt und die Maschine lief wieder mit Marschgeschwindigkeit. Der Steward hatte die Messe wieder in Ordnung gebracht und die Kombüse hatte wieder Brötchen gebacken und Kaffee gekocht.

Es war wieder alles wie immer. Der heutige Tag war für mich besonders wichtig beim Rundgang, um zu kontrollieren, ob etwas kaputt gegangen war. Ich musste die E-Werkstatt aufräumen und die liegen gebliebenen Arbeiten erledigen.

Am nächsten Tag liefen wir in die Nordsee ein. In Cuxhaven kam der Lotse für Hamburg an Bord. Acht Stunden später lagen wir fest an der Pier. Ich wollte meine Eltern anrufen, dass ich wieder in Deutschland in Hamburg war. Sie sagten, sie würden in Bremen an der Pier auf mich warten. Hermann fragte mich: »Ich will an Land gehen, hast du Lust mitzukommen?« Ich wollte und er sagte: »Ich brauche neue Hosen und Hemden, die kann ich in der Stadt bei Karstadt bekommen.« Dann hatte ich mir vorgenommen, an den Landungsbrücken Fisch zu essen, den hatte ich hier an Bord vermisst. Wir hatten alles bei Karstadt bekommen. Er hatte sich zusätzlich noch eine Regenjacke gekauft, die im Preis heruntergesetzt war.

Auf den Landungsbrücken fanden wir gleich eine Fischgaststätte und einen Platz am Fenster mit Hafenblick. Ich bestellte mir eine Scholle mit Speck und warmem Kartoffelsalat, Hermann bestellte sich als Vorspeise Labskaus und als Hauptspeise Kabeljau mit Senfsoße und Kartoffeln. Dazu tranken wir jeder ein großes Bier. Bei einem Bier blieb es nicht. Nach zwei Stunden verließen wir die Gaststätte und gingen zur Fähre, die uns rüber brachte zum Schuppen 3, wo unser Schiff lag.

Am nächsten Tag liefen wir aus nach Bremen. Dort angekommen, standen meine Eltern und der E-Inspektor an der Pier. Ich winkte meinen Eltern zu und rief: »Ich komme gleich zu euch.«

Der E-Inspektor ging zum Chief und anschließend zum Elektriker. Er fragte ihn: »Ist alles in Ordnung, brauchen Sie etwas?« Der Elektriker verneinte und zu mir sagte er: »Ich habe mit dem Chief gesprochen. Sie bekommen ein anderes Schiff, die TS-Moselstein. Sie werden dort als E-Assistent fahren. Die Route ist Ostasien, sie läuft am 20. Januar in Bremen ein. Da müssen Sie dann an Bord gehen. Bis dahin haben Sie Urlaub. Sie bleiben noch an Bord, bis der Nachfolger da ist.« Ich ging zu meinen Eltern runter und sagte ihnen die Neuigkeiten und dass ich Urlaub bis zum 20. Januar hätte. Meinem Vater sagte ich, dass ich eine Bananenstaude mitgebracht hätte, die ich holen wollte und mit ihm zu seinem Wagen bringen würde.

Zu Hause angekommen, hatte meine Mutter mein Zimmer hergerichtet, Blumen auf meinen Tisch gestellt und das Bett bezogen. Nach dem reichlichen Frühstück sagte ich meiner Mutter, dass ich meinen Freund mit dem Motorrad besuchen wollte. Da wir Winter hatten, zog ich mir einen dicken Pullover unter meine Lederjacke, um nicht zu frieren.

Meine Mutter sagte: »Ich mache dir heute Mittag deine Lieblingsspeise, Hefeklöße. Sei pünktlich wieder hier.« Ich holte mein Motorrad aus der Garage und wollte meinen Freund Hannes besuchen. Da heute Samstag war, werde ich ihn sicher zu Hause antreffen. So war es auch. Er war gerade erst aufgestanden, als er mich sah und sagte: »Bist du wieder in Bremen?« Ich nickte.

Nach dem Frühstück sagte er: »Komm, wir gehen in die Stadt. Dort hat man am Markt eine neue Bierkneipe aufgemacht, REMMER. Im Keller wird dort das super dunkle Bier ausgeschenkt. Lass uns dort hingehen.« Gesagt, getan. Das Bier schmeckte wirklich gut.

Da wir uns viel zu erzählen hatten, flog die Zeit nur so dahin. Ein Blick auf meine Uhr zeigte, dass Mittag vorbei war. Ich dachte an meine Mutter, die extra meine Lieblingsspeise gekocht hatte. »Die sind jetzt sicher verkocht«, dachte ich. Und so war es auch. Ich sagte ihr: »Es tut mir leid, dass ich so spät komme.«

# TS Moselstein

*Abb. 16 TS Moselstein im Hamburger Hafen*

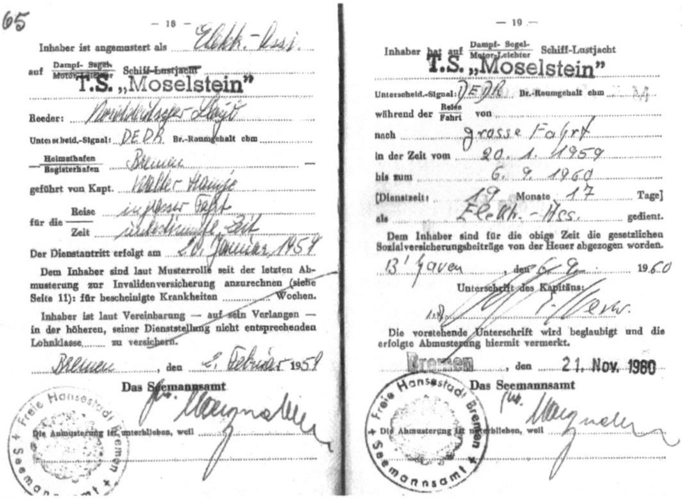

65

— 18 —

Inhaber ist angemustert als Elekt.-Assi.

auf Dampf- Segel- / Motor-Leichter Schiff-Lustjacht T.S. „Moselstein"

Reeder: Norddeutscher Lloyd

Unterscheid.-Signal: DEDR Br.-Raumgehalt cbm

Heimathafen / Registerhafen: Bremen

geführt von Kapt. Walter Hanje

für die Reise / Zeit: in grosser Fahrt / unbestimmte Zeit

Der Dienstantritt erfolgt am 20. Januar 1959

Dem Inhaber sind laut Musterrolle seit der letzten Abmusterung zur Invalidenversicherung anzurechnen (siehe Seite 11): für bescheinigte Krankheiten ........ Wochen.

Inhaber ist laut Vereinbarung — auf sein Verlangen — in der höheren, seiner Dienststellung nicht entsprechenden Lohnklasse ........ zu versichern.

Bremen, den 2. Februar 1959

Das Seemannsamt

Freie Hansestadt Bremen Seemannsamt

Die Anmusterung ist unterblieben, weil ........

— 19 —

Inhaber hat auf Dampf- Segel- / Motor-Leichter Schiff-Lustjacht T.S. „Moselstein"

Unterscheid.-Signal: DEDR Br.-Raumgehalt cbm

während der Reise / Fahrt von ........

nach grosse Fahrt

in der Zeit vom 20. 1. 1959

bis zum 6. 9. 1960

[Dienstzeit: 19 Monate 17 Tage]

als Elekt.-Ass. gedient.

Dem Inhaber sind für die obige Zeit die gesetzlichen Sozialversicherungsbeiträge von der Heuer abgezogen worden.

B'haven, den 6. 9. 1960

Unterschrift des Kapitäns:

Die vorstehende Unterschrift wird beglaubigt und die erfolgte Abmusterung hiermit vermerkt.

Bremen, den 21. Nov. 1960

Das Seemannsamt

Freie Hansestadt Bremen Seemannsamt

Die Abmusterung ist unterblieben, weil ........

*Abb. 17*

## *TS Moselstein NDL Bremen*

*20.01.1959 - 06.09.1960*

E – Assistent
Ost Asien

Am 20. Januar Morgen stand ich an der Pier im Bremer Europa Hafen, und wartete auf die TS-Moselstein. Es wehte ein kalter Wind, ich fröstelte. Im Weser Kurier hatte ich gelesen, dass die TS-Moselstein im Europahafen um zehn Uhr am Schuppen 9 fest machen sollte.

Dann sah ich sie kommen, gezogen von zwei Schleppern. Einer vorne der andere hinten. Im Wendebecken drehten sie das Schiff, und zogen es Rückwerts an die Pier. Wie es so vor mir lag stellte ich fest das war ein großes mächtiges Schiff, kein Vergleich zur MS Liebenstein das erheblich kleiner war.

Nachdem das Schiff fest lag, wurde die Gangway heruntergelassen ich ging aufs Schiff. Ich meldete mich beim Chief, der sagte willkommen, bring das Seefahrtbuch zum Funker, der Elektriker wird dir dann deine Kammer zeigen. Den Elektriker fand ich in der Offiziersmesse beim Kaffeetrinken. Ich stellte mich vor, er fragte willst du auch einen Kaffee, ich dankte ab, ich wollte meine Seesack loswerden. Wir gingen zu einer Zwei Bett Kammer.

Dort wartete der E-Assi. schon auf uns mit fertig gepacktem Koffer. Er sagte: »Gut, dass ihr da seid. Ich muss zum Bahnhof, denn mein Zug fährt in zwei Stunden nach Hamburg.« Er sagte zu mir alles Gute und schon war er weg. Der Elektriker sagte: »Richte dich erstmal ein, und wenn du damit fertig bist komm bei mir vorbei.« Die Kammer war größer als die in der MS Liebenstein, hier gab es sogar einen Schreibtisch und zwei Schränke für jeden. Meine Koje war schon von dem Steward neu bezogen worden. Nachdem ich eingeräumt hatte, zog ich mir meine Khakiuniform an und ging zum Elektriker. Der seine Kammer auf der anderen Seite im Steuerbord. Gang hatte.

Der Ing. Assi., in deiner Kammer, sagte er ist noch im Maschinenraum, der hat die 8–12 Uhr–Wache mit den 3. Ing., ansonsten stellt ich fest ist es hier wie auf der MS Liebenstein nur moderner und größer. Wenn du willst können wir jetzt in den Maschinenraum gehen. Als er das Maschinen Schott auf machte, schlug mir eine Wärmewelle entgegen.

Ich merkte hier war ich auf einen Dampfschiff. Wir stiegen die Stahltreppen hinunter zum Fahrstand, Dort beim Maschinentelegraf blieben wir stehen, er sagte bei Manöver musst du den bedienen, zum Mittagessen werde ich dich ablösen. Ich sagte damit kenne ich mich aus. Er zeigte auf die Turbine. »Die muss gleichmäßig abkühlen, die wird von einen E-Motor langsam gedreht.«

Wir gingen in den Hinteren Maschinenraum dort standen zwei große liegende Heizkessel, einer an der Backbord. der andere auf der Steuerbord Seite. Jeder Kessel hatte sechs Ölbrenner, die den Dampf auf vierhundert Grad aufheizen sagte er. In der Mitte zwischen den Kesseln sitzt der Heizer, seine Aufgabe ist es, die Instrumente und Ölbrenner zu überwachen.

Wir gingen zur Schalttafel. Die war groß mit diversen Instrumenten, und ich sah, dass hier die Anlage mit Gleichstrom betrieben wurde. Er sagte: »Wir haben drei Generatoren, die mit einem Dieselmotor angetrieben werden. Die müssen wir je nach Bedarf zu- oder abschalten. Die Generatoren müssen einmal im Jahr von innen gereinigt, und der Isolationswiderstand muss durch gemessen werden.

Das ist dann immer eine schweißtreibende Arbeit. Wir gingen wieder nach draußen an Deck. Er zeigte mir die Ladewinden und sagte: Die müssen wir ständig Warten, während des Löschen der Ladung darf keine ausfallen. Ich sagte dass ich das schon von der MS Liebenstein her kannte. Im Vorderen Windenhaus war die E-Werkstatt, die aufgeräumt und sauber aussah.

Der nächste Weg ging zum Rudermaschinenraum, hier wohnte Fritz unser Wäscher, der unsere Kleidung wäscht. Auf allen NDL- Schiffen ist das immer ein Chinese, sein Name ist Fritz, den Chinesischen Namen kann keiner aussprechen.

Die Rudermaschine wird gesteuert mit Öldruck, die zu überwachen, gehört auch zu unseren Aufgaben. Der nächste Weg ging zur Brücke. Oben angekommen, sagte er eine Stunde vorauslaufen, muss das Typhon kontrolliert werden, du gibst dann einen langen Ton ab und zeigte auf den Taster. Dann sind auch die Kollegen von der Nautik auf der Brücke, die sich für das Anlegemanöver vorbereiteten.

Der Elektriker sagte: »Wir liegen hier in Bremen drei Tage. Ich habe mit dem Chief gesprochen. Ich kann nach

Hause fahren, bevor wir auslaufen bin ich wieder hier. Ich dachte hoffentlich passiert nichts, dass ich nicht reagieren kann.

Inzwischen hatte ich meinen Zimmer Kollegen kennen gelehrt. Er sah es vor dem Schreitisch, und schrieb in ein Notizbuch, als er mich zur Tür herein kommen sah stand er auf und sagte, du bist mein neuer Zimmerkollege. Ich stellte mich vor, er sagte ich heiße Horst, ich will gleich an Land, wir sehen uns heute Abend. Er war mir gleich sympathisch seine Art gefiel mir. Beim Abendessen sagte er ich bin nur noch eine Reise an Bord, dann gehe ich zur Seefahrtsschule nach Bremen.

Später nach seinem Studium, trafen wir uns wieder auf der MS Ravenstein, er als 3. Ing. ich als Elektriker wieder. Mehrere Jahre später nach meiner Seefahrtzeit. Ich hatte auf der Abendschule auf dem zweiten Bildungsweg Designer studiert und eine Abteilung für Warten, Planung und Designer bei einer Firma in Frankfurt gegründet. Ich bekam von einem Norddeutschen Kraftwerk, einen Auftrag ihre Warte zu modernisieren.

Beim Mittagessen mit dem Kraftwerksleiter in der Kantine, erschien plötzlich Horst, als er mich sah rief er, sodass es jeder hörte konnte, wenn das nicht der größte Verbrecher ist den ich kenne und setzte sich zu uns. Später in seinem Büro, sagte er, dass er nach der Seefahrt beim Kraftwerk eine Stelle gefunden hatte, sie suchten einen Ing. mit Turbinenerfahrung und die hatte ich ja, auf der TS- Moselstein bekommen.

Während der Liegezeit in Bremen, hatte ich Bordwache, ich konnte nicht an Land, der Chief sagte ein Elektriker muss immer an Bord sein. Rief ich meine kleine Schwester Helga an, sie sollte mich besuchen, sie sagte auch zu, und war eine Stunde später an Bord. Ich zeigte ihr das Schiff, soweit ich es kannte.

Zur Mittagszeit habe ich sie in die Offiz.-Messe eingeladen, die anwesenden Kollegen machten große Augen als ich mit Helga in die Messe kam. Sie dachten was hat der E-Assi. für eine hübsche Freundin. Am Nachmittag nach dem Kaffee trinken musste sie wieder nach Hause, sie hatte noch eine Verabredung. Ich habe nicht gefragt mit wem, mir war klar das konnte nur ihr Freund Günter sein.

Am Abend des nächsten Tages sollten sie um 19 Uhr auslaufen. Der Elektriker kam rechtzeitig an Bord und meldete sich bei mir zurück. Um 18 Uhr führte ich nach Rücksprache mit der Brückenwache den Typhon-Check auf der Brücke durch. Eine halbe Stunde später kam der Lotse an Bord und ging zur Brücke hinauf. Ich ging in den Maschinenraum zum Maschinentelegraf, die 4–8 Uhr–Wache des 2. Ing. war vollständig da und wartete auf das erste Signal am Maschinentelegrafen.

Nach vier Stunden erreichten sie die Außenweser. Der Lotse verließ das Schiff, und sie konnten nun auf der Nordsee Marschgeschwindigkeit fahren. In der Nacht erreichten sie den Ärmelkanal und fuhren dann in die gefürchtete Biskaya. Ich erinnerte mich an die MS Liebenstein, bei der die Maschine bei einem starken Sturm und hohen Wellen ausgefallen war.

Das war damals eine gefährliche Angelegenheit, da wir manövrierunfähig waren. Durch gute Zusammenarbeit konnte die Maschine nach einer halben Stunde wieder laufen, und das Schlimmste wurde vermieden. Am nächsten Tag fuhren sie in die Straße von Gibraltar und in das Mittelmeer ein. Das Wetter wurde freundlicher und wärmer. Bei spiegelglatter See setzten sie ihre Fahrt nach Port Said zum Suezkanal fort.

Nach Tagen erreichten wir mittags Port Said. Der Lotse brachte uns in den Hafen, und zwei Schlepper drückten uns an die Pier. Nachdem wir festlagen, sah ich diverse Händler an der Pier stehen, die darauf warteten, dass die Gangway heruntergelassen wurde. Danach strömten sie auf das Schiff, jeder wollte der erste sein, um den besten Platz zu bekommen und ihre Waren auszubreiten. Die Waren reichten von Hockern aus Kamelleder, die fürchterlich nach Kamel rochen, bis hin zu Khaki-Hosen und -Hemden sowie diversen Kleinkram. Auch ein Friseur und ein Schuhputzer waren an Bord gekommen.

Die Händler priesen ihre Waren lautstark an. Ich ging durch die Reihen, um sich die Waren anzusehen, wurde aber teilweise so aufdringlich festgehalten, dass ich mich losreißen musste. Schließlich fand ich einen Schuhputzer, der auf Kundschaft wartete. Ich zeigte auf meine Schuhe, und der Schuhputzer nickte. Ich stellte mich an die Wand des Windenhauses. Der Schuhputzer setzte sich auf seinen Schemel und fing an zu putzen. Ich gab ihm anschließend drei Mark, und er war hoch zufrieden. Zwei Stunden vor der Abfahrt mussten die Händler von Bord. Sie folgten nur widerwillig den Anordnungen des Matrosen.

*Abb. 18 Port Said meine Schuhe werden geputzt, neben mir steht der Nautische OA Peter.*

Der Lotse kam an Bord und fuhr sie zur Sammelstelle, wo der Konvoi und die Reihenfolge der Schiffe festgelegt wurden. Bis es dann losging, vergingen noch zwei Stunden. Wir Elektriker hatten von der Brücke gesagt bekommen, wir sollten den Kanalscheinwerfer vorne auf den Bug anbringen, da es eine Nachtfahrt werden würde. Wir holten den Scheinwerfer aus der Vorpiek und schleppten ihn mit dem Befestigungsmaterial auf das Vordeck. Der Scheinwerfer hatte einen Durchmesser von etwa einem Meter. Eine Steckdose für den Scheinwerfer und eine für die Gegensprechanlage waren vorne installiert.

Nachdem der Scheinwerfer angeschlossen und montiert war, riefen wir über die Gegensprechanlage die Brücke an, um den Scheinwerfer vorn einzustellen. Die genaue Einstellung würde später vom Lotsen kommen. Die ersten Schiffe setzten sich in Bewegung und der Lotse sagte, wir seien das sechste Schiff im Konvoi.

Der Elektriker sagte: »Ich werde unten in der Maschinenfahrstand den Maschinentelegraf bedienen. Du bleibst vorne beim Scheinwerfer und stellst ihn nach Anweisung der Brücke ein. Es wird abends immer kalt, nimm dir eine dicke Jacke mit.« Das wollte ich gar nicht glauben, da ich zu dieser Zeit nur ein Hemd trug. Aber so war es tatsächlich und ich war froh, dass ich die Jacke dabeihatte.

Am frühen Morgen erreichten wir Suez, der Lotse ging von Bord, über die Gegensprechanlage sagte die Brücke, dass der Scheinwerfer ausgeschaltet werden könne, dass Manöver ist beendet. Wir fuhren wieder Marschgeschwindigkeit in das Roten Meer.

*Abb.19 Der Suezkanal, rechts und links nur Wüste.*

Unser nächster Hafen war Singapore Malatya. (Ab 1. Sep.1963 ist Singapore Unabhängig). Das Rote Meer empfing uns mit einer angenehmen Wärme von 25 Grad. Wenn ich an die Fahrt mit der DS Axenfels denke, konnten wir hier die Wahnsinnswärme nicht aushalten. Wir schliefen nachts an Deck.

Wir hatten in Europa Winter, das wirkte sich auch auf das Rote Meer aus, daher die angenehmen Temperaturen. Nach Tagen verließen wir das Rote Meer und fuhren in den Indischen Ozean Richtung Singapore.

Wir erreichten Singapore am frühen Morgen und legten uns in die Singapore Bucht vor Anker und warteten auf den Lotsen. Ich sah, dass die Bucht voller wartender Schiffe war, die alle in den Hafen wollten. Nach zwei Wochen Liegezeit auf Reede kam morgens ein Boot längsseits. Es stiegen drei weiß uniformierte Personen aus und gingen auf die Brücke.

Nach zwei Stunden gingen sie wieder auf ihr Boot. Unsere Decksleute folgten ihnen mit diversen Kartons, einschließlich einer gefrorenen Rinderhälfte, die sie auf ihr Boot brachten. Nachdem alles auf dem Boot war, legten sie schnell ab in Richtung Hafen.

Am nächsten Morgen kam der Lotse und brachte uns in den Hafen an die Pier. Die Schauerleute warteten schon auf uns und fingen gleich mit dem Löschen an.

Der 3. Offiz. sagte mir: »Wir bleiben drei Tage hier in Singapur, dann können ich an Land etwas unternehmen.« Beim Mittagessen fragte ich den Elektriker, ob ich an Land gehen könnte. Er antwortete: »Ich kenne Singapur schon, geh nur. Melde dich beim Chief ab. Hole dir einen Landgangsausweis vom Funker.«

Horst, mein Zimmerkollege, der auch am Tisch saß, sagte: »Ich komme mit.« Wir machten uns landfein. Geld und den Landgangsausweis hatten wir vom Funker bekommen. Jetzt fehlte nur noch mein Fotoapparat, dann konnte es losgehen. Am Hafenausgang warteten mehrere Taxis auf Kundschaft. Das erste nahmen wir und sagten: »Zur Altstadt, bitte.«

Wir stiegen in der Altstadt an einem großen Wochenmarkt aus. Der Duft, den ich roch, war unbeschreiblich gut. Wir schlenderten über den Markt und kamen an den Stand, wo der Duft herkam. Eine alte Frau kochte in einem Kessel, der über einem offenen Feuer hing, eine für mich unbekannte Suppe.

Ich sagte zu Horst: »Die muss ich kosten.« Er sagte: »Ohne mich, wer weiß, was da alles drin ist? Vielleicht Schlangen, Hunde oder Käfer.« Ich probierte die dunkelbraune Suppe. Sie schmeckte unvergleichlich gut, mit einem mir unbekannten Geschmack. Horst sagte: »Hoffentlich wird dir nicht schlecht davon.« Aber so war es nicht.

Diese Suppe wollte ich bei unserer Rückreise hier in Singapur noch einmal essen, so schmackhaft war sie. Wir gingen weiter in der Altstadt.

Dort sahen wir ein Schild, dass man unbedingt den Botanischen Garten sehen sollte. (Heute ein UNESCO Welterbe) Horst sagte: »Lass uns dahinfahren.«

Als wir ankamen, sahen wir einen großen Park in der Mitte war ein See, mit blühenden Blumen und Sträuchern am Ufer. Wir liefen durch den Park und bestaunten die Blumenpracht. Es gab Blumen, die ich noch nie zuvor gesehen hatte. Plötzlich zupfte ein kleiner Junge an meinem Ärmel und sagte auf perfektem Englisch: »Kann ich euch den Garten zeigen gegen ein kleines Geld?« Ich sah zu Horst herüber, der sagte: »Danke, das machen wir selber.« Der kleine Junge verfolgte uns weiterhin in der Hoffnung, dass wir ihn doch noch brauchen würden.

In der Altstadt wieder angekommen, sagte Horst: »Lass uns eine Kneipe suchen, wo wir ein Bier trinken können.« Wir fanden ein Café, in dem es auch Bier gab. Nach zwei Bieren bezahlten wir und schlenderten weiter durch die Altstadt von Singapore. Wir sahen kleine Läden mit Souvenirs für Touristen und ein kleines Geschäft, das Holzschnitzereien hatte. Dort gingen wir hinein. In der Auslage sah ich eine Tabakdose aus Holz, geschnitzt als einen Kopf mit einem Hut, der als Deckel ausgeführt war. Die gefiel mir, die kaufte ich. Diese Dose habe ich heute noch und nutze sie als Spardose.

Zum Abendessen waren wir wieder an Bord. Ich sah, dass an drei Luken gearbeitet wurde. Der 3. Offiz., der die Bordwache hatte, sagte uns, dass die Schauerleute Tag und Nacht arbeiten wollten, damit wir früher auslaufen können. So war es auch: Wir liefen am nächsten Tag Abend aus zur Insel Penang, Malaysia. Nachdem der Lotse von Bord war, fuhren wir in die Straße von Malakka ein.

Im Maschinenraum herrschte eine unerträgliche Hitze, da es draußen über dreißig Grad hatte. Das wirkte sich auch im Maschinenraum aus. Wir hatten oben im Maschinenraum die Luken weit geöffnet, aber unten kam nicht viel von der kühleren Luft an. Dann passierte es: Ein großer Flughund flog in den Maschinenraum hinein. Er suchte verzweifelt den Ausgang wieder zu finden.

Bei den Dampfleitungen unten im Maschinenraum verbrannte er sich und schrie fürchterlich. Im Sturzflug flog er auf unseren Fahrstand zu. Vor Angst lagen wir flach auf den Flurplatten. Da wir Manöver fuhren, war es schwierig, die zu bedienen. Wir beobachteten das Tier, um bei einem neuen Angriff auf den Steuerstand auszuweichen. Verzweifelt flog es durch den Maschinenraum, dann erreichte es die Luke und flog nach draußen.

Am Morgen erreichten wir die Insel Penang. Wir legten uns auf Reede und warteten auf den Lotsen. Am nächsten Morgen kam er und führte uns in den Hafen an die Pier. Da mit den landseitigen Kränen gelöscht wurde, gingen die Arbeiten schneller. Der Elektriker sagte zu mir: »Wenn du willst, kannst du an Land gehen. Die Insel ist sehr schön. Du solltest dir den Tempel Ke Lok Si ansehen. Der ist sehenswert. Ich kenne ihn schon, ich haben hier in Penang schon einmal zwei Wochen an der Pier gelegen, als die Hafenarbeiter gestreikt haben. Da hatten wir genug Zeit, die Insel zu erkunden.«

Ich fragte Horst, ob er mitkommen wollte. Er sagte, er werde den 3. Ing. fragen, ob etwas Besonderes anliegt. Dem war nicht so, also machten wir uns landfein. Ich ging zum Chief, um uns abzumelden. Er fragte: »Habt ihr das mit den Wach-Ings. und dem Elektriker abgesprochen?« Wir sagten, sie wüssten Bescheid. Dann viel Spaß. Jetzt schnell zum Funker, einen Landgangsausweis und Geld holen, und dann nichts wie weg zu neuen Abenteuern.

*Abb. 20 Auf der Fahrt zum Tempel sahen wir diese Idylle.*

Am Hafenausgang standen Taxis. Mit dem ersten Taxi verhandelten wir für die Fahrt zum Tempel. Der Fahrer wollte nur mit Taxameter fahren. Wir sagten dann, wir werden versuchen, mit dem Bus dort hinzufahren. Das Geschäft wollte er sich dann nicht entgehen lassen, also einigten wir uns auf eine Summe. Die Fahrt dauerte eine halbe Stunde vorbei an Palmen, und Bambuswäldern zum Parkplatz des Tempels. Dem Taxifahrer sagten wir, er solle auf uns warten. Er meinte, wir sollten die Fahrt schon mal bezahlen, was wir taten. Wie wir später feststellen sollten, war das ein Fehler.

*Abb. 21 Der Ke Lok Si Tempel in Penang.*

*Abb. 22 Gebetsraum des Tempels Ke Lok Si.*

Nachdem wir jeder eine Eintrittskarte gelöst hatten, konnten wir durch das große Tor zum Tempelanlage gehen. Die Tür zum Gebetsraum war weit geöffnet. Das Erste, was ich sah, war ein großer Raum, Wir waren die einzigen Gäste dort, zwei Personen die reinigten das

Heiligtum. Von uns nahmen sie keine Kenntnis. Auch dass ich Aufnahmen machte, interessierte sie nicht. Sie unterhielten sich leise. Das Gespräch war sicher wichtiger als unsere Anwesenheit.

Nachdem ich ein paar Aufnahmen gemacht hatte, gingen wir wieder nach draußen. Draußen sahen wir ein weitläufiges Gelände unterbrochen von kleinen Bächen und Seen.

In den Seen waren kleine Schildkröten, die dicht an dicht und zum Teil übereinander lagen und sich sonnten. Vorbei an schön angelegten Blumenbeeten und blühenden Bäumen. Nach einer Stunde hatten wir genug gesehen. Ich sagte: »Ich habe Hunger und Durst. Lass uns zur Stadt Penang fahren und ein schönes Restaurant suchen.« Wir gingen zurück zum Taxi, das nicht mehr da war. Wir suchten den Parkplatz nach ihm ab, er war weggefahren.

Host fragte: »Was machen wir jetzt?« Ich sagte: »Lass uns zum Kartenverkauf gehen, vielleicht kann sie ein Taxi bestellen.« Das tat sie und sagte nach dem Telefonat: »Ein Taxi wird in einer Stunde hierherkommen.« Vor dem Kartenhäuschen war eine Bank. Dort setzten wir uns erstmal hin. Host sagte: »Lass uns mit dem Taxi an Bord fahren. Dort gibt es Abendbrot und zum Trinken haben wir auch etwas.«

An Bord angekommen, hörten wir die Neuigkeiten: »Wir müssen morgen früh auf Reede gehen. Da Sturm bis Orkan angesagt ist, kann an der Pier nicht mehr gelöscht werden. Wir müssen bis der Sturm durchgezogen ist auf Reede gehen und an einer Tonne festmachen.«

Der 1. Offiz. ließ den Anker ab schäkeln und festlaschen an Deck. Mit der Ankerkette sollten wir uns dann an der Tonne festmachen.

Gleich nach dem Frühstück kam der Lotse an Bord. Das Wetter hatte sich geändert. Es zogen dicke Regenwolken auf, der Wind wurde stärker. Wir legten von der Pier ab und liefen in die Bucht von Penang. Dort waren mehrere Tonnen zu sehen. Vor einer Tonne konnte man ein Beiboot mit drei Festmacherleuten sehen, die winkten. Dort sollten wir hinkommen.

Nachdem die Ankerkette von den Schauerleuten aufgenommen wurde, fuhren sie zur Tonne. Der Wind und die See schaukelten die Tonne hin und her. Die Schauerleute hatten Mühe, die schwere dicke Kette an der Tonne zu befestigen. Der Chief rief unten im Maschinenraum an und sagte: »Der Kapitän meinte, wir sollten die Maschine auf Standby halten. Der Wind soll sich zur Orkanstärke verändern.«

Falls die Ankerkette nicht hält oder die Tonne wandert, müssen wir schnell reagieren können. Um Mitternacht war der Orkan dann da. Der Orkan brüllte, das Schiff schaukelte und zerrte an der Ankerkette. Die Maschine lief jetzt mit langsamer Fahrt voraus, um die Ankerkette zu entlasten. Morgens um vier ließ der Orkan nach. Eine Stunde später war er durchgezogen. Man hörte nichts mehr, nur noch die hohen Wellen schlugen an unser Schiff.

Am Morgen kamen Schuten längsseits mit Schauerleuten. Die machten an unserem Schiff fest. Die Schauerleute kamen die Gangway hinauf, deckten die Luken auf, setzten sich vor das dortseitige Ladegeschirr und fingen an, die Schuten zu löschen. Am Nachmittag waren sie fertig. Die Schauerleute stiegen wieder in ihre Boote und fuhren zurück zum Hafen.

Kurze Zeit später kam das Boot der Festmacher, die auch den Lotsen mitbrachten, und lösten die Ankerkette von der Tonne. Der Lotse ging an Bord. Unsere Decksleute holten die Kette mit der Ankerwinde an Deck und schäkelten sie an dem Anker wieder an. Am Ende der Bucht verließ uns der Lotse. Wir fuhren wieder in die Straße von Malakka ein. Vor Singapore bogen wir ab ins Südchinesische Meer nach Manila, Philippinen.

Ich sagte dem Elektriker: »Ich gehe jetzt duschen und frühstücken, dann hau ich mich in meine Koje.« Er meinte: »Das tue, du hast ja die ganze Nacht unten am Fahrstand Wache gehabt.« Ich ging in die Offiziersmesse und bestellte beim Steward Rühreier mit Zwiebeln. Er sagte: »Brötchen gibt es heute nicht. Durch die Schaukelei konnten keine backen werden. Es gibt nur Brot.«

Ich sagte: »Auch gut.« Ich schlief bis zum Nachmittag durch. Der Elektriker saß in der Offiziersmesse bei Kaffee und Kuchen. Er sagte zum Steward: »Wecke den E-Assi, damit er von dem Kuchen auch etwas abbekommt.« Der Steward weckte mich und sagte: »Der Koch hat Kuchen gebacken. Wenn du etwas abhaben willst, musst du dich sputen. Den Kaffee habe ich schon fertig.« Ich sprang aus der Koje, schlüpfte in meine Khaki-Uniform und eilte zur Messe.

Das Südchinesische Meer empfing uns mit schönem, warmem Wetter und einer ruhigen See. Der Elektriker sagte zu mir beim Frühstück: »Bei diesem schönen Wetter könnten wir anfangen, die Winden an Deck zu überholen.« Ich kannte mich damit aus. Das waren die gleichen Winden wie auf der MS Liebenstein. Ich zog mein Arbeitspäckchen an, ging zum Fahrstand zur Schalttafel, kontrollierte, ob der Hauptschalter für die Winden ausgeschaltet war, und hing ein Schild »Achtung Elektroarbeiten« an den Windenhauptschalter.

Ich holte die Werkzeugkiste aus der Werkstatt und trug sie achtern zur Luke 5 an die Steuerbordseite zur Winde 14. Ich suchte mir eine Sitzgelegenheit und öffnete den Schaltschrank. Die Kontakte der Schaltwalze waren in Ordnung, ich reinigte und fettete sie. Nach einer Stunde konnte ich den Schaltschrank wieder seefest verschließen. Nun kam die Motorbremse dran.

Der Bremsbelag sieht so ähnlich aus wie eine Kupplungsscheibe vom Autogetriebe. Falls die Bremsbeläge abgelaufen waren, mussten neue auf genietet werden. Reserven dafür hatten wir genügend in der E-Werkstatt. Bis Manila wollten wir die Winden im Achterschiff fertig haben. Vor dem Einlaufen in die Manilabucht hatten wir es geschafft.

Wir legten uns in der Manilabucht vor Anker und warteten auf den Lotsen. Eine viertel Stunde später kam unser Agent. Er brachte unsere Post mit und nahm unsere Briefe mit. Er brachte eine traurige Nachricht mit. Der Hafen wäre überfüllt, wir müssten hier vor Anker bleiben und mit mindestens acht Tagen Liegezeit rechnen.

Der Kapitän wollte nicht, dass Langeweile aufkam, und entschied, ein Bootmanöver durchzuführen. Der 1. Offiz.

sollte sich darum kümmern. Er ließ von den Decksleuten zwei Rettungsboote klar machen und hinunter zum Wasser fieren. Dann wurden Strickleitern oben an der Reling befestigt, die bis in die Boote reichten. Er ließ die gesamte Schiffsmannschaft mit ihren Schwimmwesten antreten.

Ich suchte verzweifelt nach meiner Schwimmweste, die ich hier in meiner Kammer noch nicht gesehen hatte. Horst kam von der Wache in den Raum und wusste, wo sie lagen. Im Schrank im obersten Fach fanden wir sie und zogen sie an.

Dann liefen wir zu den anderen Kollegen aufs Deck. Die versuchten bereits, mit der Strickleiter auf die Rettungsboote zu kommen. Ich stellte mich an die Bordwand und sah auf die Rettungsboote hinunter. Ich dachte, dass mich hier keiner mit dieser wackeligen Strickleiter Hinunter bringen würde.

Der 3. und der 2. Offiz. hatten jeder ein Boot als Bootsführer eingenommen und nahmen die ankommenden Kollegen in Empfang, um ihnen ihren Platz im Boot zu zeigen. Dann kam ich an die Reihe. Der 3. Offiz. winkte mir zu, ich sollte hinunter kommen. Als ich zögerte, wurde ich von hinten auf die Leiter gedrückt.

Die Strickleiter wackelte fürchterlich, weil hinter mir ein Matrose kam, der sich mit diesen Leitern auskannte. Er rief mir zu, dass ich zu machen sollte, hinunterzukommen. Oben warteten noch mehr Leute. Auch ich schaffte es, unten anzukommen. Der 3. Offiz. zeigte mir meinen Platz. Neben mir war der Riemen. Ich fragte mich ob ich damit pullen sollte, dass hatte ich noch nie gemacht.

Nachdem das Boot voll besetzt war, sagte der 3. Offiz. »Jeder nimmt den Riemen neben sich und hält ihn waagerecht über das Wasser. Bei Kommando zieht ihr den Riemen nach vorne, taucht ihn ins Wasser und zieht ihn zu euch. Lasst uns das mal probieren.« Der Erfolg war eine Katastrophe.

Der eine tauchte seinem Riemen nicht ins Wasser. Beim Durchzug flog der Riemen bis nach hinten und verklemmte sich mit dem Riemen des Hintermannes. Ein anderer tauchte ihm so tief ins Wasser, dass sich beim Durchziehen das Boot seitlich wegdrehte. Kurz gesagt: Es war ein Desaster. Der 3. Offiz. raufte sich die Haare. Er rief: »Das Ganze noch mal. Achtet auf mein Kommando. Die Riemen erst zu Wasser lassen, wenn ich es sage, und dann zusammen gleichmäßig durchziehen.« Auch das klappte nicht.

Inzwischen fuhr das Boot des 2. Offiz. an uns vorbei und er rief uns zu: »Wie nennt ihr das, was ihr da macht? Hoffentlich kommt ihr noch zurück zum Schiff, nicht dass wir euch noch abschleppen müssen.« Das gab dem 3. Offiz. den Rest, er wollte nicht mehr leben. Er gab auf und wir versuchten so gut wie möglich zurück zum Schiff zu kommen. Nachher sagte der 3. Offiz. zu uns: »Ein Glück, dass in unserer Nähe keine Schiffe lagen.

Die hätten sich kaputtgelacht und gesagt, was machen die Deutschen für ein komisches Bootmanöver. Die müssen immer aus der Reihe tanzen.«

Jetzt mussten wir jedoch wieder über die Hängeleiter zurück aufs Schiff gelangen. Ein Matrose stieg als Erster die Leiter hinauf, ohne anzuhalten. Der 3. Offiz. sagte dann zum nächsten und zeigte auf mich. Die Hängeleiter schwankte so stark hin und her, dass ich stehen blieb. Mein Hintermann rief: »Mach, dass du nach oben kommst« und drückte an meinen Hintern. Nach einer Weile schaffte ich es auch nach oben zu steigen und wurde in das Schiff gezogen.

Ich sagte mir später, dass ich das nicht noch mal mitmachen würde. Ich würde mir eine Ausrede ausdenken, wie dass ein wichtiger E-Motor kaputt gegangen ist und ich deshalb an einem Bootsmanöver nicht teilnehmen kann. Dies ist mir jedoch in meiner nachfolgenden Seefahrtzeit nicht mehr passiert. Am nächsten Tag ging es weiter im Vorschiff mit dem Überholen der Winden.

Mitten in der Nacht, die Decksbeleuchtung war eingeschaltet, wie es bei ankernden Schiffen Pflicht ist. Der 3. Offiz. hatte zusammen mit einem Matrosen Deckswache. Von der Brücke aus musterte er das Schiff. Auf dem Deck des Kabelgat in der Nähe der Ankerwinde lagen die Festmacherleinen aufgeschossen bereit zum Festmachen unseres Schiffes im Hafen.

Der 3. Offiz. sah auf die Festmacher und meinte, dass sich der Haufen verkleinert hatte. Er rief den Matrosen zu sich und fragte: »Fällt dir bei den Festmachern etwas auf?« Der Matrose antwortete: «Ich sehe nichts.« Daraufhin sagte der 3. Offiz.: »Der Haufen wird kleiner. Da stimmt etwas nicht, sehe mal nach.« Er lief zum Festmacher und sah, dass ein Ende des Festmachers durch die Ankerklüse nach unten gezogen wurde.

Er sah über Bord und bemerkte ein kleines Boot, das den Festmacher aufnahm. An der Ankerkette hing ein

Mann, der es führte. Er lief so schnell er konnte zum 3. Offiz. auf die Brücke und erzählte, was er gesehen hatte. Er sagte: »Wecke sofort den Bootsmann! Er soll das Arbeitsmotorboot klarmachen, sich ein paar Leute mitnehmen und die Leinen zurückholen.« Inzwischen war der Haufen Leinen auf dem kleinen Boot der Diebe, die versuchten so schnell wie möglich davon zu rudern.

Der Bootsmann ließ das Arbeitsboot zu Wasser, Spang stieg ins Boot, gefolgt von drei weiteren Decksleuten, die laut scheinend hinter den Dieben herfuhren. Als die Diebe sahen, dass unser Boot sie schnell einholte, bekamen sie es mit der Angst zu tun.

Das laute Geschrei unserer Leute und die drohenden Gesten waren zu viel für die Diebe. Sie sprangen vom Boot und flüchteten schwimmend an Land. Unsere Leuten nahmen das Boot mit, zu unserem Schiff, dort wurden sie lauthals empfangen. Das Boot der Diebe wurde nachdem die Leine wieder bei uns an Bord war, freigelassen. Der 1. Offiz. war stolz auf seine Crew und gab nach Feierabend eine Runde Bier aus.

Nach Tagen auf Reede kam endlich der Lotse und brachte uns an die Pier. Die Scheuerleute fingen gleich an zu löschen. Zwei Tage später liefen wir in der Nacht wieder aus, und fuhren in das Südchinesische Meer nach Hongkong.

Am frühen Morgen erreichten wir Hongkong. Der Lotse brachte uns in den Hafen Kowloon an die Pier Der 2. Offiz. sagte mir beim Mittagessen, dass die Löscharbeiten drei Tage dauern würden. Auch mit unseren Ladebäumen meinte er, auf seitlich liegenden Dschunken und Schuten.

*Abb.23 Hongkong. Löschen mit bordseitigen Kränen von seitlich liegenden Schuten*

Der Elektriker sagte mir, er wolle an Land gehen. Hier in Hongkong kann man zollfrei einkaufen. Fotoapparate kosten hier nur die Hälfte im Vergleich zu Deutschland. Morgen hast du den ganzen Tag frei und kannst Hongkong erkunden. Das hörte auch Horst und meinte: »Da bin ich dabei. Ich werde das mit dem 3. Offiz. absprechen.«

In der Bibliothek fand ich ein Buch über Hongkong, in dem ich mich schlau machte, was man unbedingt sehen sollte. Als erstes sollte man mit der Zahnradbahn zum Peak hinauffahren und die schöne Aussicht über Hongkong und die Bucht genießen. Zweitens sollte man das

Schimmernde Restaurant besuchen und drittens zollfrei einkaufen.

Ich sagte: »Ich habe mir folgende Besichtigungsreihenfolge ausgedacht« und zählte die drei Punkte auf. Alle waren damit einverstanden. Die grün-weiß gestrichene Fähre hatte eine Besonderheit für europäische Fahrgäste: die obere Etage war für sie vorgesehen, während die untere für einheimische Fahrgäste bestimmt war. Beim Kartenkauf wurde nochmals mit großen Schildern darauf hingewiesen, in die obere Etage einzusteigen.

Als wir in Hongkong Stadt ankamen, sah ich als erstes Hochhäuser, breite Straßen, Straßenbahnen, Rikschas, Doppeldeckerbusse und diverse Autos, die durch Hupen versuchten, sich Platz zu schaffen. Es herrschte ein Verkehrschaos auf den Straßen. Einen Polizisten, der den Verkehr regelte, konnte ich nicht sehen. Wir liefen zur Peak Bahn, kauften uns Fahrkarten und fuhren hinauf zum Peak. Die Aussicht war großartig, obwohl es diesig war und die Sonne es nicht schaffte, durchzukommen.

Nach einer halben Stunde hatten wir genug gesehen und fuhren wieder mit der Bahn hinunter.

*Abb. 24 Die Peak Bahn*

*Abb.25 Hongkong auf dem Peak: Links Horst, Mitte 3. Ing. und ich.*

*Abb. 26 Hongkong mit Blick vom Peak.*

Nun wollten wir zum Schwimmenden Restaurant in Aberdeen in den Fischereihafen. Dass Wetter hatte sich verändert, es Regnete leicht. Wir sahen auf der anderen Seite der Straße drei Rikschas ich winkte sie herüber. Die sollten uns zum Restaurant fahren. Mit Händen und Füßen machten wir ihm klar wo wir hinwollten. Bis einer nickte und mich grinsend ansah, ich meine das grinsend haben alle Chinesen so an sich. Ich wusste nicht was ich davon halten sollte. Ob er uns nun nach Aberdeen zum Schwimmenden Restaurant brachte, war mir nicht klar, hatte er das richtig verstanden. Es klappe wir kamen im Dschunken Hafen Aberdeen an.

Dort angekommen, wussten wir nicht, wie wir zum Restaurant kommen sollten. Da winkte uns eine junge Frau von einem Boot aus zu und zeigte auf das Restaurant.

Wir gingen zu ihr und sie zeigte auf die Sitzplätze am Ruder. Ich fragte nach dem Preis für eine Hin- und Rückfahrt, es war nicht viel Geld. Sie fragte: »OK?« und ich nickte. Sie machte die Leinen los und ruderte uns zum Restaurant.

Ich sah mich in ihrem Boot um und entdeckte zwei kleine Kinder, die mit einer Katze spielten. In der Mitte des Bootes befand sich eine Feuerstelle, über der ein Stahlkessel hing, in dem sie ihr Mittagessen kochte. Der Duft war verlockend. Im Vorschiff waren Schlafplätze zu sehen, das bedeutete, dass sie ständig hier auf dem Boot lebte.

Inzwischen waren wir am Anleger des Restaurants angekommen. Wir stiegen aus und ich sagte ihr, dass sie in zwei Stunden wiederkommen sollte. Sie hob die Hand als Zeichen, dass sie verstanden hatte.

*Abb. 27 Der Dschunken Fischerei Hafen in Aberdeen*

Oben im Restaurant erwartete uns ein großer Raum voller Tische für vier bis sechs Personen. Wir fanden einen Fensterplatz mit Blick auf den Dschunken Hafen. Der Kellner fragte uns, was wir essen möchten. Da wir alle Fisch essen wollten, führte er uns in die Mitte des Restaurants, wo eine große Öffnung den Blick in die Küche freigab. Der Kellner rief etwas hinunter und ein Koch kam mit einem Kescher und holte einen lebenden Fisch aus einem Wasserbassin.

Der Ober fragte uns, ob wir den Fisch haben wollten. Er war sehr groß, Horst sagte: »Der reicht für uns den nehmen wir«. Der Fisch wurde köstlich zubereitet, dazu tranken wir Weißwein. An den Nachtisch kann ich mich nicht mehr erinnern. Ich weiß nur, dass es kein Speiseeis war und dass wir vorsichtig waren, um uns nicht anzustecken.

*Abb. 28 Das schwimmende Restaurant in Aberdeen.*

*Abb. 29*

Während ich dieses Buch schrieb, las ich in der Zeitung, dass dieses schwimmende Restaurant in Aberdeen im Jahr 2022 untergegangen ist. Warum und wie wusste keiner.

Nach zwei Stunden verließen wir das Restaurant. Unten an der Anlegestelle lag unser Boot. Sie winkte uns zu. Scheinbar war sie gar nicht weggefahren, sondern hatte hier auf uns gewartet. Das Wetter hatte sich geändert. Ab und zu schien die Sonne und es wurde wärmer.

Nachdem wir wieder an Land waren, suchten wir uns ein Taxi, das uns zurück in die Stadt fuhr. Den zollfreien Bummel hatten wir auf den nächsten Tag verschoben. Wir wollten nicht mehr laufen. Es reichte für heute. Mit der Fähre fuhren wir zurück nach Kowloon zur TS-Moselstein. Meldeten uns beim Chief und bei mir beim Elektriker zurück. Der sagte, dass ich länger in Hongkong hätte bleiben können. Hier sei nichts Wichtiges zu tun.

Am nächsten Tag liefen wir aus nach Shanghai, China. Beim Frühstück sagte der 2. Offiz., dass er beim Auslaufen in Hongkong festgestellt hatte, dass das Typhon defekt sei und dass wir herausfinden sollten, woran es lag. Der Elektriker sagte zu mir, dass ich nach dem Frühstück zur Brücke gehen und den Taster für das Typhon überprüfen solle. Ich holte meinen Werkzeugkoffer von der Werkstatt und ging zur Brücke. Ich stellte schnell fest, dass der Taster in Ordnung war und dass das Problem am Typhon im Schornstein lag.

Ich sagte dem 3. Wach-Offiz., dass ich nach dem Horn im Schornstein suchen würde, da es am Taster nicht lag und das Relais möglicherweise defekt war. Die Tür zum Schornstein war schwer zu öffnen, da sie lange nicht mehr benutzt worden war. Die Türdichtungen und Scharniere waren mit Farbe überstrichen. Ich beschloss, dies später mit dem 3. Wach-Offiz. anzusprechen. Als ich die Tür so weit wie möglich öffnete, schlug mir eine Hitzewelle entgegen, und ich sah, dass es im Schornstein unisolierte Dampfleitungen gab.

Eine davon führte zum Typhon, und ich schätzte die Temperatur auf 50 Grad. Ich beeilte mich, zum Horn zu gelangen, aber auch die Stahlleiter war heiß. Zum Glück trug ich Arbeitshandschuhe. Oben angekommen, sah ich, dass ein Draht am Relais abgegangen war, ich befestigte ihn wieder. Ich wollte den Schornstein schnell verlassen, aber dann bemerkte ich, dass die Brücke einen Kurswechsel vornahm, und das Schiff neigte sich. Die Tür schlug zu, und ich versuchte, sie zu öffnen, aber sie hatte sich verklemmt. Die Temperatur im Schornstein stieg sofort an, und ich hatte Schwierigkeiten, Luft zu bekommen. Der Schweiß lief mir in Strömen herunter.

Ich schmiss mich gegen die Stahltür. Sie bewegte sich nicht. Ich merkte, dass ich das hier nicht mehr lange aushalten werde. Ich nahm meinen Hammer aus dem Werkzeugkasten und schlug so kräftig wie möglich gegen die Tür.

Kurze Zeit später kam ein Matrose von der Brücke und öffnete die Tür. Ich schwankte nach draußen und setzte mich schnaufend an Deck, um mich zu erholen. Hinterher sagte ich mir: »Haste nochmal Glück gehabt.« Meine Schwester Helga erzählte mir später, dass meine Mutter gespürt hat, dass ich in Gefahr war.

Am frühen Morgen erreichten wir Shanghai. Der Lotse kam an Bord, und zwei Schlepper bugsierten uns an die Pier. Eine Stunde später lagen wir fest an der Pier. Nachdem wir die Gangway heruntergelassen hatten, kamen die Behörden an Bord. Sie sagten uns, wir sollten alle Wertsachen wie Fotos, Geld und Armbanduhren in der Messe an den dortigen Beamten abgeben.

Wir sollten dann solange in der Messe bleiben, bis das Schiff von der ‚Schwarzen Gang' untersucht und wieder freigegeben wird. Die ‚Schwarze Gang' heißt so, weil alle in einem schwarzen Arbeitsanzug mit schwarzer Kappe bekleidet waren. Ihre Aufgabe war es, nach verstecktem Alkohol, Rauschgift und Wertsachen im Schiff zu suchen.

Während sie suchten, durften wir die Messe nicht verlassen. Vor unserer Messe hatte man eine Wache abgestellt

Nach einer geraumen Zeit wurde das Schiff wieder freigegeben, wir bekamen unsere Wertsachen zurück. Man warnte uns noch, im Hafen keine Aufnahmen zu machen, dann durften wir die Messe verlassen. Ich wollte erstmal an Deck frische Luft tanken.

Dort sah ich einheitlich gekleidete Schauerleute in blauen Arbeitsanzügen mit Kappe. Sie sahen alle gleich aus, und es war nicht zu unterscheiden, ob es ein Mann oder eine Frau war, auch die bei uns an Bord löschten oder luden. Ständig wurden über Lautsprecher Parolen durchgegeben, in einer Lautstärke, die ich auch in meiner Kammer hören konnte.

Vor unserem Schiff lag ein Schiff mit einer großen DDR-Flagge am Heck, doppelt so groß wie unseres, das auch beladen wurde. Ich versuchte mit ihnen Kontakt aufzunehmen, das war schwierig. Ich bekam bald mit, dass sie mit uns keinen Kontakt aufnehmen durften. Einer traute sich abends zu unserem Schiff und fragte den Bootsmann, der an der Reling stand, ob er an Bord kommen dürfte. Der Bootsmann erzählte am nächsten Morgen, dass sie einen Aufpasser hätten, damit wir Abstand zu ihnen hielten.

Er wäre heimlich hierher geschlichen, um von uns Zeitschriften wie Der Stern, Spiegel und andere westdeutsche Zeitungen zu besorgen. Er sammelte sie von seinen Kollegen zusammen und gab sie ihm. Die versteckte er unter seinem Hemd und sagte: »Ich muss wieder an Bord, damit der Aufpasser nichts merkt.«

Am nächsten Morgen nach dem Frühstück lief ihr Schiff aus. Auch wir liefen am nächsten Tag aus, in die Vereinigten Staaten in den Golf von Mexiko nach Nordamerika.

Nach Brownsville (Texas). Ich freute mich darauf, Amerika kennenzulernen, die Freiheit und Offenheit, die man dem Land nachsagt, zu erleben. Brownsville liegt in der Nähe des Rio Grande. Von dort hatte ich in meiner Jugend viele Cowboy-Hefte gelesen, die ich besuchen wollte.

Nach Tagen auf dem Pazifischen Ozean erreichten wir am frühen Morgen den Panamakanal. Die Wasserstraße - so hatte ich gelesen - ist 82 km lang und verbindet den Atlantik mit dem Pazifik. Die Einfahrt und Durchfahrt erfolgen in der Reihenfolge der Ankunft. Dort kommt der Lotse an Bord und bleibt die ganze Zeit der Durchfahrt an Bord. In den Schleusen wurden wurde wir mit Lokomotiven rein und wieder rausgezogen.

*Abb. 30 In den Schleusen werden die Schiffe, in und aus den Schleusen von Lokomotiven gezogen.*

Am späten Abend erreichten wir die Limon Bay im Karibischen Meer. Nachdem der Lotse von Bord war, nahmen wir Kurs zur Straße Yukatan in den Golf von Mexiko. Wir erreichten Brownsville am frühen Morgen und warteten auf den Lotsen. Brownsville liegt am Rio Grande. Der Fluss bildet eine Grenze zwischen Nordamerika und Mexiko und mündet im Golf von Mexiko.

*Abb. 31 Der Highway 83*

Durch Brownsville laufen die berühmten Highways 77 und 83. Auch die wollte ich mir ansehen.

Zwei Stunden später kam der Lotse, ein großer, breitschultriger Texaner. Er stieg die Strickleiter mit Leichtigkeit hinauf und brauchte keine Hilfe von unserem 3. Offiz., um über die Reling zu kommen. Sie begrüßten sich und gingen zur Brücke hinauf. Der Lotse brachte uns in den Hafen. Dort warteten zwei Schlepper auf uns, die uns im Wendebecken drehten und uns anschließend an die Pier drückten.

Nachdem wir festlagen und die Gangway gefiert war, kamen die Behörden an Bord. Der Zoll durchsuchte das

Schiff, was sie zu finden hofften, war mir nicht klar. Wir durften unseren Alkohol, Zigaretten, etc. behalten. Vielleicht suchten sie nach Rauschgift. Der Amtsarzt mit seiner Arzthelferin sagte zu uns, wir sollten uns in der Messe bis auf die Unterhose ausziehen und in einer Reihe aufstellen.

Der Kapitän und der Chief waren von dieser Untersuchung ausgeschlossen. Ob sie in ihrer Kammer untersucht wurden, weiß ich nicht.

*Abb. 32 Im Wendebecken drehten uns die Schlepper*

.

Nachdem wir in einer Reihe zur Sichtkontrolle angetreten waren, fragte er uns nach dem Dienstgrad, Namen und Alter. Seine Arzthelferin schrieb fleißig mit und fragte ab und zu, wie das auf Deutsch geschrieben wird, wenn sie uns notierte. Nachdem er die Reihe durchhatte, fing er von vorne noch mal an und sagte uns, wir sollten die Unterhose runterziehen, da er wohl unsere Genitalien sehen wollte, um sicherzugehen, dass alles gesund war. Die Arzthelferin verzog nicht das Gesicht, aber sie sah hin.

Nachdem er damit auch durch war, fragte er jeden einzelnen, ob er ein Nazi sei. Alle antworteten mit nein. Ich fragte mich, wie ich ein Nazi gewesen sein sollte, wenn ich bei Kriegsende erst acht Jahre alt war.

Danach bekamen wir von der Arzthelferin unseren Landgangsausweis. Inzwischen war der Zoll mit der Kontrolle fertig und hatte wohl nichts gefunden. Horst und ich durften an Land gehen. Wir hatten uns fein gemacht, hatten Dollars vom Funker geholt und waren gespannt, wie es in Brownsville aussah.

Das Erste, was mir auffiel, als wir im Hafengelände ankamen, war ein LKW mit einem großen Scheinwerfer auf der Ladefläche. Der Durchmesser betrug etwa 1,5 m und er war gen Himmel gerichtet. Ich fragte mich, ob damit nachts der Himmel ausgeleuchtet und nach fremden Flugzeugen gesucht wurde. Die Zeiten des Zweiten Weltkriegs, die ich noch miterlebt habe, in denen nachts mit Scheinwerfern nach feindlichen Flugzeugen gesucht wurde, waren doch vorbei. Jetzt gab es Radar.

Ich bin nicht dahintergekommen wofür der Scheinwerfer dort stand. Horst und ich gingen zum Hafenausgang in die Stadt. In der Stadt sahen wir Händler mit Gebrauchten Autos, die draußen auf einen Hof standen. Der Hof war mit Girlanden geschmückt, die im Wind flatterten. Besucher begutachteten die Autos, setzten sich in die Autos, ließen den Motor an, und betrachteten den Motor unter der offenen Haube. Auch wir machten das, so große und mächtige Autos gab es bei uns in Europa nicht und wie ich sah alle Motore hatten sechs Zylinder und mehr. Die Preise waren umgerechnet in DM günstig. Der Elektriker hatte mir sagt, komm nicht so spät zurück, ich will auch an Land, morgen hast du den ganzen Tag frei, dann bleibe ich an Bord, also gingen wir zurück an Bord.

So war es auch, nach dem Frühstück, wollte ich mir den Rio Grande ansehen. Der Taxifahrer im Hafenausgang wusste eine schöne Stelle am Fluss, er sagte dort geht eine Fußgängerbrücke von Texas nach Mexiko hinüber.

Dort sollte er mich hinfahren. Dort angekommen sah ich das der Rio Grande viel Wasser führte. Der Taxifahrer sagte es hat hier in der vorigen Woche stark geregnet, deshalb führt er so fiel Wasser.

*Abb. 33 Der Rio Grande. Grenzfluss zwischen Mexiko und Texas*

Als Andenken wollte ich mir etwas von hier mitnehmen, ich suchte an Flussrand nach einem Passenden Stück. Ich sah einen kleinen Kaktus den grub ich mir mit meinen Taschenmesser aus, den wollte als Andenken mit nach Deutschland nehmen. Diese Kaktus hatte ich in Deutschland an unserer Fensterbank stehen, er wuchs zusehend. Jedes Jahr einmal blühte er mit einer großen gelben Blühte.

Nach einer halben Stunde sagte ich den Taxifahrer, er möchte mich wieder zum Hafen fahren. Wir fuhren an großen Baumwollfeldern vorbei und ich sagte dem Fahrer, er möchte mal anhalten. Ich wollte eine Aufnahme machen.

Ich sah Bauwollpflücker bei der Arbeit, die große Mexikanische Hüte trugen. Hinter sich zogen sie einen Jutesack, in dem sie die gepflügte Baumwolle transportieren.

*Abb. 34 Baumwollpflücker*

*Abb.35 Große Baumwollfelder die mit der Hand und Maschinen geerntet wurden.*

Wieder an Bord, der Elektriker wartete schon auf mich, er war schon Landfein angezogen, er sagte da bist du ja, drehte sich um und ging die Gangway hinunter. Ich besorgte ich mir von der Küche einen lehren Kaffeebehälter. Den füllte ich mit Erde und Pflanzte den Kaktus darin ein. Am nächsten Tag, liefen wir aus, nach Tampico Mexiko. Von Brownsville nach Tampico sind das nur ein paar Seemeilen, sodass wir am nächsten Tag in Tampico einliefen. Die Hafenstadt Tampico liegt im Golf von Mexiko.

Der Lotse und die Schlepper wateten schon auf uns. Der Lotse brachte uns in den Hafen, die Schlepper drehten unser Schiff und drückten uns an die Pier. Nachdem wir festlagen, strömten die Schauerleute an Deck, öffneten die Luken und fingen gleich mit dem Löschen und Laden an. Vorgesehen ist, dass wir diese Nacht oder spätestens morgen früh wieder auslaufen. Ein Landgang war für mich nicht möglich. Schade, ich hätte gerne die Stadt und die Leute kennengelernt. Um Mitternacht liefen wir aus, zu unserem nächsten Hafen nach New Orleans.

Nach Tagen erreichten wir die Mündung des Mississippi-Flusses. Das Lotsenboot kam uns entgegen, wir nahmen den Lotsen auf und fuhren den Mississippi-Fluss nach New Orleans hinauf. Der Mississippi-Fluss ist ein breiter Fluss. Am Flussufer sah man kleine Städte, Wiesen mit Kühen und Wälder, die bis ans Wasser reichten. Nach 84 km erreichten wir New Orleans.

Nachdem wir festlagen an der Pier, sagte man uns, dass die Löschung der Ladung erst am nächsten Morgen beginnen wird. Ich sah, dass Kräne an der Pier standen. Das heißt, es wird mit landseitigen Kränen gelöscht.

Der Reiseführer schreibt zu New Orleans: New Orleans liegt am Mississippi-Fluss. Sie ist bekannt durch ihre historische Altstadt und den Jazz. Es ist ein einzigartiger Ort. Es gibt keinen besseren Weg, um die Stadt zu erkunden, als zu Fuß zu gehen. In jeder zweiten Bar können sie New-Orleans-Jazz hören.« Das wollte ich mir ansehen. Ich mochte schon immer den New-Orleans-Jazz, der mich heute noch begeistert. Hier könnte ich ihn im Original hören.

Der Elektriker sagte: »Du kannst heute an Land gehen. Morgen bin ich dran.« Nachdem ich mir vom Funker Geld und einen Landgangsausweis besorgt hatte, fragte ich Host, ob er mitkommen wollte. Er konnte nicht. Er musste im Maschinenraum mit seinen Kollegen den Dieselmotor vom Generator 3 überholen. Er sagt das werde mehrere Stunden dauern. Ich lief zum Hafenausgang in die naheliegende Altstadt. Das Wetter war gut, die Sonne schien, die Temperatur lag bei 30 Grad. Also alles super. In der Altstadt angekommen, waren nur wenige Menschen unterwegs. Vielleicht hielten sie einen Mittagsschlaf, was möglich wäre. Die Feste werden sicher in den Abend verlegt, wenn es kühler ist.

Ihre Häuser waren überwiegend aus Holz gebaut, was sehr gut zur Stadt passte. Nach einem längeren Spaziergang wollte ich in einer Bar Jazz-Musik hören. Ich sah eine kleine, beleuchtete Bar und wollte dort etwas trinken in der Hoffnung, auch Jazz-Musik zu hören. Beim Öffnen der Eingangstür hörte ich schon die Musik und dachte, dass ich hier richtig bin. Ich setzte mich an die Bar und bestellte mir einen Whisky.

Der Barkeeper fragte, woher ich komme. Ich antwortete: »Aus Deutschland«. Er war überrascht, dass er so kurz nach dem Krieg hier einen Deutschen antrifft. In Deutschland gab es zu dieser Zeit kaum Tourismus wir hatten andere Prioritäten wie den Wiederaufbau der Städte und der Industrie. Ich bestellte mir einen weiteren Whisky und lauschte der Musik.

Nach einer Stunde Musikgenuss wollte ich wieder zurück an Bord. Auf dem Weg zum Hafen dachte ich mir, dass ich bis jetzt keine so interessante Stadt wie New Orleans gesehen hatte, vor allem mit ihrer schönen Jazz-Musik.

Am nächsten Morgen beim Frühstück saß der Elektriker schon am Tisch und sagte, dass er sich die Altstadt und das Umfeld ansehen wird und dass das bis zum Abend dauern könnte. »Du bleibst ja an Bord, das habe ich dem

Chief gesagt«, fügte er hinzu. »Versuche, die Arbeiten, die noch in der Elektrowerkstatt liegen, abzuarbeiten.«

Am nächsten Morgen liefen wir aus, ab jetzt begann die Heimreise. Wir fuhren vom Golf von Mexiko in die Floridastraße und weiter in den Atlantischen Ozean. Der Atlantik empfing uns mit ruhiger See und schönem warmem Wetter. Jetzt hatten wir Zeit, unsere liegengebliebenen Arbeiten abzuarbeiten.

Unser nächster Hafen war Rotterdam in Holland. Die Fahrt dorthin hatten wir einen moderaten Seegang, auch die gefürchtete Biskaya blieb ruhig. In Rotterdam angekommen, bekamen wir gleich einen Liegeplatz. Die Hafenarbeiter fingen gleich an, die Ladung zu löschen. Ich hatte Bordwache und konnte nicht an Land gehen. Da wir trübes Wetter und Regen hatten, ein richtiges Herbstwetter, war die Bordwache nicht weiter schlimm.

Danach war Bremen der nächste Hafen. Wir hatten in Rotterdam nur eine kurze Liegezeit. Am Abend liefen wir wieder aus in die Nordsee, weiter zur Deutschen Bucht und Richtung Außenweser Bremerhaven. Dort nahmen wir den Lotsen auf und fuhren weiter auf der Weser nach Bremen. Im Überseehafen angekommen, stand meine Familie, der Inspektor und diverse Schaulustige an der Pier. Ich rief meiner Familie zu, dass ich gleich zu ihnen kommen würde.

Der Inspektor kam an Bord und sagte zu uns: »Ich gehe erst zum Chief, dann komme ich zu euch. Treffen wir uns in der Messe.« Der Inspektor fragte den Elektriker, ob es etwas Wichtiges gebe. Der Elektriker verneinte und sagte, dass alles an Bord in Ordnung sei. Zu mir gewandt sagte er: »Sie bekommen ein anderes Schiff, die MS Riederstein. Das ist ein Neubau der Super-Klasse, sie liegt noch in der Howaldtswerft in Hamburg. Sie werden mit den dortigen Elektrikern zusammen in die neue Technik eingearbeitet.

Bitte bleiben Sie noch solange an Bord, bis die Ablösung kommt. Dann können Sie in Urlaub gehen. Am 14. November gehen Sie dann an Bord der MS Riederstein in Hamburg zur Howaldtswerft zur Indienststellung und Einarbeitung. Nach der Übergabe der Werft an den NDL geht die Fahrt nach Australien.« Das war eine erfreuliche Nachricht. Ein so tolles neues Schiff in Dienst zu stellen und eine Super-Reise nach Australien zu machen, verspricht jede Menge Abenteuer.

Ich ging zu meiner Familie an der Pier. Ich hatte sie lange nicht gesehen und freute mich, sie wiederzusehen. Ich erzählte ihnen die Neuigkeiten: Dass ich Urlaub bekommen würde und ein anderes neues Schiff nach Australien bekommen werde. Sobald mein Nachfolger da ist, würde ich zu ihnen nach Hause kommen.

# MS Riederstein

Abb. 36 MS Riederstein

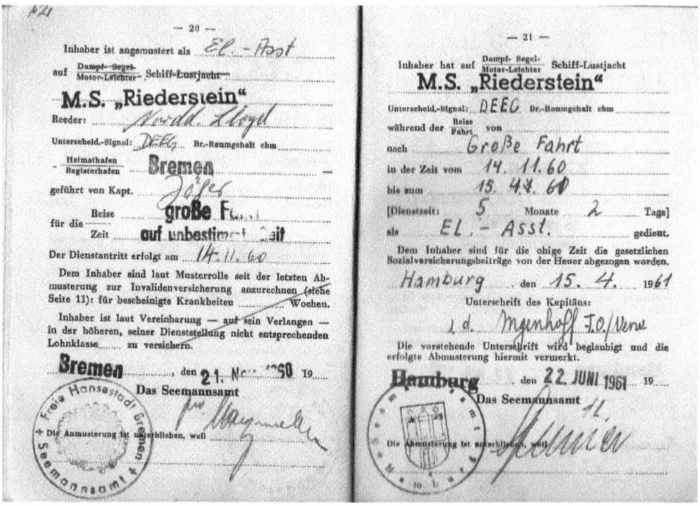

— 20 —

Inhaber ist angemustert als El.-Asst

auf Dampf- Segel- / Motor-Leichter Schiff-Lustjacht

M.S. „Riederstein“

Reeder: Nordd. Lloyd

Unterscheid.-Signal: DEEG Br.-Raumgehalt cbm

Heimathafen / Registerhafen Bremen

geführt von Kapt. Jäger

für die Reise große F[illegible]

Zeit auf unbestim[illegible] Zeit

Der Dienstantritt erfolgt am 14.11.60

Dem Inhaber sind laut Musterrolle seit der letzten Abmusterung zur Invalidenversicherung anzurechnen (siehe Seite 11): für bescheinigte Krankheiten ........ Wochen.

Inhaber ist laut Vereinbarung — auf sein Verlangen — in der höheren, seiner Dienststellung nicht entsprechenden Lohnklasse ........ zu versichern.

Bremen, den 21. No[illegible] 1960 19....

Das Seemannsamt

Freie Hansestadt Bremen Seemannsamt

Die Anmusterung ist unterblieben, weil

— 21 —

Inhaber hat auf Dampf- Segel- / Motor-Leichter Schiff-Lustjacht

M.S. „Riederstein“

Unterscheid.-Signal: DEEG Br.-Raumgehalt cbm

während der Reise / Fahrt von

nach Große Fahrt

in der Zeit vom 14.11.60

bis zum 15.4.61

[Dienstzeit: 5 Monate 2 Tage]

als EL.-Asst. gedient.

Dem Inhaber sind für die obige Zeit die gesetzlichen Sozialversicherungsbeiträge von der Heuer abgezogen worden.

Hamburg, den 15.4. 1961

Unterschrift des Kapitäns:

i.d. Mgenhoff I.O./Verw.

Die vorstehende Unterschrift wird beglaubigt und die erfolgte Abmusterung hiermit vermerkt.

Hamburg, den 22 JUNI 1961 19....

Das Seemannsamt

Die Abmusterung ist unterblieben, weil

*Abb. 37*

## MS Riederstein NDL Bremen

14.11.1960 – 15.04.1961
E-Assistent Australien

Am 14. November fuhr ich mit der Bahn von Bremen nach Hamburg. Am Hauptbahnhof nahm ich mir ein Taxi und fuhr zur Howaldtswerft. Der Pförtner sagte mir, wo ich die MS Riederstein finden kann. Nach kurzer Zeit sah ich sie an der Werftpier liegen. Die Werftarbeiter waren draußen am Schiff, am Schweißen und Streichen der MS Riederstein. Der landseitige Werftkran stellte Materialien auf Deck ab, die sicher noch verbaut werden müssen.

Es war ein mächtig großes Schiff, größer als die Schiffe, auf denen ich zuvor gefahren war. Ich ging die Gangway hinauf, ein Werftarbeiter zeigte auf seinen Schutzhelm, ich nickte nur, ich musste mir noch einen besorgen. Ich suchte die Kammer des Chiefs. Auf diesem großen Schiff war es nicht so einfach, die Kammern zu finden. Den Elektriker sah ich an der Backbordseite, ich brauchte aber zuerst die Kammer des Chiefs.

Ein Kollege kam mir entgegen und fragte, wen ich denn suche. Ich sagte, den Chief, und er antwortete, dass seine Kammer auf der Steuerbordseite ist, aber er habe ihn im Maschinenraum gesehen. Der kommt sicher gleich wieder zurück. So war es auch. Ich wartete nur kurz vor seiner Kammertür, dann erschien er. »Bist du der E-Assistent?«, fragte er. Ich stellte mich vor. »Gut, dass du da bist. Du wirst vom Elektriker schon sehnlichst erwartet. Melde dich gleich bei ihm.« Seine Kammertür war nur angelehnt. Ich klopfte an die Tür. Eine dunkle Stimme sagte: »Komm rein.« Ich stellte mich vor. »Gut, dass du da bist. Mit der neuen E-Technik habe ich so meine Schwierigkeiten. Du als junger Elektriker kommst damit sicher besser klar. Aber erst mal zeige ich dir deine Kammer, die du mit einem Ing.-Assistenten teilst.

Großer Empfang für das Premierenschiff

ber alle Toppen geflagt hatte das Premierenschiff, das gestern n der Kaje des neuen Hafenbeckens II in der Hafengruppe nks der Weser festmachte: der Australienfrachter MS „Riederstein" des Norddeutschen Lloyd. Wie Küken um die Henne ur schwirrten kleine Einheiten des Hafenbauamtes, des Hafe amtes und der Wasserschutzpolizei den großen Überseebrude

*Abb. 38 Der Weser Kurier brachte diesen Artikel über die MS Riederstein.*

Da du der Erste bist, kannst du dir den Schrank und das Bett aussuchen Nachdem du dich eingerichtet hast, komm bei mir vorbei.« Er sah, dass mein Bett noch nicht bezogen war. »Ich sage dem Steward Bescheid, dass er das Bett bezieht.«

Jetzt betrachtete ich mir erst mal die Kammer. Sie war modern eingerichtet mit einem Schreibtisch. Jeder hatte einen Doppelschrank mit Auszügen in der Nähe seiner

Koje stehen. Die Fenster waren groß und rechteckig, sodass viel Tageslicht herein schien. Ein Waschbecken gab es auch mit warmem und kaltem Wasser. Die Duschen und Toiletten waren in einem anderen Raum untergebracht. Ich fand: Hier kann man es aushalten.

Ich hoffte, mit meinem Kammerkollegen gut auszukommen, vielleicht sowie mit meinen Kollegen Horst auf der TS-Moselstein. Nachdem ich meine Utensilien in den Schrank eingeräumt hatte, zog ich meine Uniform an und ging zum Elektriker. Der saß vertieft an seinem Schreibtisch und studierte die Elektrik-Unterlagen, die von der Werft bekommen hatte. »Wir sind ausgebildet worden für Gleichstrom-Anlagen.

Hier haben wir das Neueste, was zurzeit auf dem Markt ist, für Drehstrom- und Wechselstrom-Anlagen. Ich denke, wir müssen uns da hineinarbeiten. Was wir nicht verstehen, tragen wir in eine Kladde ein und besprechen das mit den Werftelektrikern bei den wöchentlichen Besprechungen.« Er sah auf seine Armbanduhr. »Es ist Mittagszeit. Lass uns essen gehen.« Auch die Offiziersmesse war groß, mit großen rechteckigen Fenstern versehen. Er stellte mich bei den anwesenden Kollegen vor und setzte uns an den für uns vorgesehenen Tisch. Der Steward reichte uns den Speiseplan. Wir konnten unser Essen aus zwei Menüs aussuchen. Ich bestellte mir das Menü 1.

Ein Deck tiefer war auch hier die Kombüse, sie ist hier mit einem kleinen Speiseaufzug verbunden, sodass der Steward die Speisen nicht mehr vom unteren Deck der Kombüse holen musste. Der Elektriker sagte: »Das ist ein toller Koch hier, hoffentlich bleibt er an Bord und fährt mit.«

Nach dem Essen sagte der Elektriker: »In einer halben Stunde haben wir die wöchentlichen Besprechungen mit den Werftelektrikern. Ich habe dafür eine Kladde, da schreibe ich mir die Arbeiten, die noch gemacht werden müssen, oder die Geräte, die noch fehlen, auf. Ich gebe dir auch solch eine Kladde, dort kannst du dann alles aufschreiben, was dir auffällt und noch gemacht werden muss. Die werden wir dann bei unserer nächsten Besprechung mit den Werftelektrikern ansprechen müssen.

Du brauchst noch einen Schutzhelm, ich habe noch einen neuen in meiner Kammer, mit einer anderen Farbe, damit wir uns von den Werftarbeitern unterscheiden können.«

Die Besprechung mit den Werftelektrikern lief locker und leicht vonstattengehend. Sie schrieben sich die Mängel und noch fehlenden Geräte und Verdrahtungen auf und sagten: »Wir werden versuchen, das bis zur nächsten Besprechung fertig zu stellen, wenn die fehlenden Geräte bis dahin geliefert wurden. Wir werden auf jeden Fall die Verdrahtung schon vornehmen, sodass die Geräte bei Lieferung nur noch eingebaut werden müssen.«

Nach der Besprechung zeigte mir der Elektriker das Schiff von der Rudermaschine bis zum Vorschiff. Die Werftarbeiter waren noch mit Arbeiten beschäftigt, deshalb konnten wir nicht hinein. Zum Schluss gingen wir in den Maschinenraum, auch hier wurde noch fleißig gearbeitet. Ich sah den großen Hauptmotor, einen 9 Zylinder MAN Dieselmotor mit 10.000 PS, mit dem das Schiff eine Reisegeschwindigkeit von 17,5 kn (32 km/h) erreicht.

Der Diesel Hauptmotor reichte vom Maschinenraum bis in das erste Deck. Es war ein riesengroßer Motor. Ich dachte, wenn der läuft, wie laut wird es dann wohl im Maschineraum sein? Es gab drei Generatoren, die mit Dieselmotoren angetrieben wurden. Die noch nicht liefen, weil wir noch einen Landanschluss hatten. Noch gehörte die MS Riederstein der Werft, und bis zur Übergabe an den NDL wird es noch dauern. Noch waren sie Tag und Nacht außer sonntags am Arbeiten, um sie termingerecht zu übergeben.

Die Tage vergingen mit Besprechungen und dem Vertraut werden mit der neuen Technik, was dem Elektriker und mir immer besser gelang. Wir wussten, dass, wenn das Schiff an den NDL übergeben würde und wir auf Fahrt gingen, uns niemand mehr helfen könnte und wir allein zurechtkommen müssten.

Inzwischen kam auch mein Kammerkollege an und stellte sich als Hermann Heise vor. Er sagte, dass dies sein erstes Schiff als Ing. Assistent sei und dass alles neu für ihn sei. Er bat mich um Hilfe, um auf dem Schiff zurechtzukommen, und ich versprach ihm meine Unterstützung. Ich fragte ihn, ob er sich bereits beim Chief gemeldet und sein Seefahrtsbuch beim Funker abgegeben hatte, woraufhin er bejahte. Ich sagte ihm, dass er das Wichtigste bereits erledigt hatte.

Am nächsten Morgen beim Frühstück teilte der Elektriker mit, dass er für drei Tage nach Hause fahren würde und dass der Chief damit einverstanden sei. Er bat mich, die

Besprechungen mit den Werftelektrikern zu führen und versicherte mir, dass er auf jeden Fall zurück sein würde, wenn die Probefahrt ansteht.

Am darauf folgenden Tag, einem Sonntag, arbeiteten die Werftarbeiter nicht. Ich fragte den Chief, ob ich an Land gehen dürfte, und er hatte nichts dagegen einzuwenden. Er fragte mich, wie es mit den E-Anlagen laufe, und ich antwortete, dass es gut sei und der Elektriker und ich uns weitgehend eingearbeitet hätten. Er lobte unsere Arbeit und sagte, dass ich mich bei ihm melden solle, falls doch etwas Wichtiges anfallen sollte.

Ich zog mich landfein an und ging zur Fähre an der Anlegestelle vor dem Werftgelände. Nach einer kurzen Fahrt erreichte ich die Landungsbrücken. Ich hatte vor, ins Kino zu gehen und mittags in einem schönen Restaurant eine Scholle zu essen. Bevor ich zur Werft zurückkehrte, wollte ich noch in eine kleine Kneipe in der Nähe der Landungsbrücken gehen. Nachdem ich alles erledigt hatte, was ich mir vorgenommen hatte, suchte ich die kleine Kneipe auf, um ein Bier zu trinken, bevor ich wieder an Bord ging.

Es war ein kleiner Raum, die Wände waren maritim verziert mit Segelschiffen und Porträts von alten, windzerzausten Gestalten.

An der Bar suchte ich mir einen Platz und bestellte bei der jungen Dame hinter der Theke ein Bier. Solche Kneipen mochte ich gerne, mit maritimem Charme, leicht verräuchert und einem guten Bier. Die junge Dame hinter der Theke fragte mich nach meinem Namen und woher ich komme. Ich antwortete, dass ich von der Howaldtswerft komme, wo ein neues Schiff in Dienst gestellt wird, die MS Riederstein, die dann nach Australien fährt. Ich trank noch ein Bier, bevor ich die Kneipe verließ. Die junge Dame namens Ursel wünschte mir eine gute Fahrt nach Australien und bat mich, beim nächsten Mal, wenn ich in Hamburg bin, wieder vorbeizukommen. Ich nickte und verließ die Kneipe.

Am nächsten Morgen hörte ich die Werftarbeiter bereits um sechs Uhr morgens hämmern und Kommandos schreien. Nach dem Duschen ging ich in die Messe zum Frühstücken, ich bestellte ich beim Steward eine große Portion Rühreier und trank heißen Kaffee, um für die anfallenden Aufgaben bereit zu sein.

Der wöchentliche Treffpunkt mit den Werftelektrikern verlief gut, und sie hatten mehrere der besprochenen Arbeiten in der letzten Woche erledigt. Bei vielen Geräten hatten sie jedoch Schwierigkeiten, die bestellten Teile zu bekommen. Sie sagten, dass die Teile heute noch kommen würden und dass alles bis morgen erledigt sein würde.

Am Mittwoch traf ich den Elektriker beim Frühstück. Er war offensichtlich in der Nacht angekommen und fragte mich, ob alles klar sei. Ich antwortete mit Ja und erzählte ihm alles nach dem Frühstück. Er sagte, dass er den Chief schon gesehen hatte und dieser ihm gesagt hatte, dass die Probefahrt der MS Riederstein am Freitag bis nach Helgoland und zurück zur Werft stattfinden würde. Bis Donnerstag mussten alle Arbeiten erledigt sein. Wir beschlossen, mit den Werftelektrikern zu sprechen, um den aktuellen Stand der Arbeiten zu besprechen.

Wir machten einen Rundgang mit den Werftelektrikern, um die noch ausstehenden Arbeiten zu besichtigen. Bis auf zwei Geräte waren alle Arbeiten erledigt. Der Elektriker sagte, er werde dem Chief den neuesten Stand mitteilen.

Am Donnerstagmorgen kamen die Werftingenieure mit verschiedenen Messgeräten und Kisten an Bord. Ein Teil von ihnen ging auf die Brücke, die anderen in den Maschinenraum. Da wir noch keine Übergabe des Schiffes hatten, hatte die Werft das Kommando, einschließlich der Kontrolle der Maschine durch die Werftingenieure. Um 10 Uhr sollten wir ablegen. Es wurden mehrere Manöver gefahren, langsam, schnell und auch Voll zurück, was ungefähr drei Stunden dauerte.

Danach wurde alles durchgemessen, und auf der Rückreise zur Werft fuhren wir volle Umdrehungen bis zur Elbmündung. Abends kamen wir wieder in der Werft an. Einer von uns Elektrikern war immer im Maschinenraum, um eventuelle Fehler festzustellen, die von den Werftelektrikern beseitigt werden mussten.

Der Chief meinte, es müssten nur noch wenige Korrekturen an der Hauptmasche vorgenommen werden, die heute und morgen erledigt werden sollten. Dann würde am Samstag die Übergabefahrt stattfinden, anschließend würden wir gleich nach Hamburg an den Schuppen 93 zum Laden fahren.

Die Übergabefahrt Richtung Helgoland verlief ohne Zwischenfälle. In der Luke 2 wurden Tische und Bänke aufgestellt, um den Tag zu feiern. Der Koch übertraf sich mit seinen Speisen, und es wurde ein Buffet aufgebaut mit Fleisch, Bratwurst, Suppe und weiteren Leckereien,

das nach der Übergabe gestürmt werden konnte. Die Übergabe fand in der Nordsee Richtung Hamburg statt. Die Flaggen wurden getauscht, die Werftflagge gegen die NDL-Flagge.

Das Typhon gab einen langen Ton von sich, und ab diesem Zeitpunkt war unser Kapitän für das Schiff verantwortlich. Der Kapitän sprach ein paar Worte zur Übergabe an seine Mannschaft und gab das Buffet und die Getränke frei. Ich musste in den Maschinenraum, um zum ersten Mal den neuen Maschinentelegraf zu bedienen. In Cuxhaven kam der Lotse an Bord und brachte uns nach Hamburg zum Schuppen 93. Nachdem wir festgemacht hatten, begannen die Schauerleute sofort mit dem Laden.

Die Decksmannschaft hisste die Flagge über Topp, um die Jungfernfahrt der MS Riederstein anzuzeigen. Der 3. Offiz. sagte mir, dass wir in jedem Hafen, den wir anlaufen, Gäste einladen werden, um die neue MS Riederstein zu begrüßen.

So auch heute Abend hier in Hamburg. Der 1. Offiz. begrüßte sie an der Gangway, der Steward brachte sie zum Speiseraum. Der Kapitän, der 1. Offiz., der 2. Offiz., der Chief und unser 2. Ing. waren auch bei den Gäste. Entsprechend der Außentemperatur hatten sie ihre blaue Ausgehuniform angezogen. Unser Koch übertraf sich mit seinen Speisen, so sagte man mir. Die Feier ging bis spät in die Nacht.

Am nächsten Morgen waren einige Werftarbeiter noch an Bord, um die Restarbeiten zu erledigen. Der Elektriker sagte: »Ich gehe an Land, um meine Familie anzurufen. Wenn du willst, kannst du anschließend an Land gehen.« Da es draußen regnete und schneite, verzichtete ich darauf. Außerdem ist unser nächster Hafen Bremen, wo ich dann meine Familie besuchen kann.

Tags darauf liefen wir aus nach Bremen. Der Lotse war schon an Bord, und zwei Schlepper zogen uns von der Pier. Mit langsamer Fahrt verließen wir den Hafen Richtung Elbe. Nach fünf Stunden erreichten wir Cuxhaven, wo uns der Lotse verließ und wir Marschgeschwindigkeit in die Nordsee fahren konnten.

Die Außenweser erreichten wir spät in der Nacht. Nach weiteren vier Stunden liefen wir in den Bremer Überseehafen ein und lagen eine halbe Stunde später fest an der Pier. In Bremen verließen die letzten Werftarbeiter das Schiff und sagten, dass sie mit den Restarbeiten fertig seien. Am nächsten Morgen fragte ich beim Frühstück den Elektriker, ob ich heute nach Hause gehen könnte. »Meinetwegen kannst du auch zwei Tage zu Hause bleiben. Frage den Chief, ob er etwas dagegen hat«, antwortete er. Der Chief hatte nichts dagegen und wünschte mir viel Spaß zu Hause.

Ich fuhr mit der Straßenbahn zu meiner Familie und wurde dort mit meinen Lieblingsspeisen, Hefeklöße, verwöhnt. Abends hörte ich mir an, was die Familie so erlebt hatte und erzählte von meinen Erlebnissen auf der TS-Moselstein und der neuen MS Riederstein.

Am nächsten Morgen holte ich mein Motorrad aus der Garage und besuchte Freunde. Am Abend musste ich zurück an Bord.

Meine Mutter hatte meine mitgebrachte schmutzige Wäsche gewaschen, sodass ich sie nicht an Bord waschen musste. Beim Ablegen am nächsten Morgen standen meine Eltern an der Pier und winkten mir zum Abschied zu. Sie wussten, dass das nächste Wiedersehen frühestens in vier Monaten sein würde.

Um 9 Uhr kam der Lotse an Bord, eine halbe Stunde später legten wir ab. Unser nächster Hafen war Rotterdam. Auf dem neuen Schiff hatten wir im Backbordgang eine Schautafel mit allen möglichen Daten, einschließlich der Reisegeschwindigkeit, der zurückgelegten Seemeilen pro Tag und dem nächsten Hafen - Rotterdam mit geschätztem Datum und Uhrzeit.

Wir erreichten die Außenweser um die Mittagszeit und liefen nach dem Verlassen des Lotsen in die Nordsee ein, von wo aus wir nach Rotterdam fuhren. Der Hafen von Rotterdam befindet sich an einem großen Hafenkomplex am westlichen Ende des Kanals an der Rheinmündung.

Den Hafen von Rotterdam erreichten wir zur Mittagszeit. Das Lotsenboot wartete schon auf uns. Nachdem er an Bord war, fuhren wir in den Hafen. Dort im Wendebecken drehten uns zwei Schlepper und drückten uns anschließend an die Pier. Nachdem die niederländischen Behörden ihre Formalitäten bei uns an Bord erledigt hatten, fingen die Schauerleute gleich an zu laden. Hier in Rotterdam sollte wie in jedem Hafen ein Fest gefeiert werden. Unsere Decksleute brachten die Flaggen wieder über Topp auf der MS Riederstein an, damit jeder sehen konnte, dass es sich um ein neues Schiff auf seiner ersten Fahrt handelt.

Die Gäste kamen am Abend. Der Ablauf war der gleiche wie bei den Hamburger und Bremer Feiern. Nur dieses Mal wurde das Essen nicht von unserem Koch, sondern von einem Restaurant aus Rotterdam geliefert. Auch hier wurde laut gefeiert bis spät in die Nacht hinein. Nach zwei Tagen verließen wir Rotterdam wieder. Unser nächster Hafen war Genua in Italien im Ligurischen Meer.

Nachdem uns der Lotse verlassen hatte, fuhren wir von der Nordsee zur Straße von Dover in den Kanal, weiter zum Golf von Biscaya und dann zur Straße von Gibraltar ins Mittelmeer. Das Wetter wurde zusehend besser. Die Temperatur stieg langsam auf 20 Grad an, die See war ruhig und wir wurden vom Mittelmeer fürstlich empfangen.

Nach Tagen erreichten wir das Ligurische Meer. Von da aus fuhren wir in den Golf von Genua. Der Hafen liegt in der Bucht von Genua und ist flächenmäßig der größte Seehafen Italiens. Der Naturhafen wurde schon in der Antike genutzt. Genua erreichten wir in den frühen Morgenstunden. Der Lotse brachte uns an die Pier, die Schauerleute warteten schon auf uns und fingen gleich mit dem Beladung der MS Riederstein an. Die Decksleute brachten wie in jedem Hafen die Flaggen über Topp an und signalisieren damit, dass wir auf Jungfernfahrt sind.

Hier in Genua blieben wir nur zwei Tage. Auch hier wurde eine Jungfernfahrtfeier abgehalten. Die meisten männlichen Gäste kamen in einer weißen Uniform. Auch bei uns hatte der Kapitän dies angeordnet. An Land konnte ich nicht gehen, da der Elektriker hier in Genua Freunde besuchen wollte. Er tröstete mich: »Genua laufen wir jede Reise an, beim nächsten Mal bist du dran.« Am nächsten Abend liefen wir aus, Richtung Port Said.

In Port Said ankerten wir und warteten auf den Lotsen, der uns in die Warteschlange für die Durchfahrt durch den Suezkanal einreihen sollte. Da wir auf Reede lagen, konnten die Händler nicht auf das Schiff kommen wie auf der TS-Moselstein, daher priesen sie ihre Waren längsseits unseres Schiffes an.

Ich hörte auch hier den bekannten Satz »Alte Hose gegen Neue Hose«, den sie auswendig gelernt hatten. Sobald sie ein deutsches Schiff sahen, ruderten sie dorthin und riefen diesen Satz.

Unsere Decksleute warfen ihre alten schmutzigen Hosen per Eimer hinunter und warteten darauf, was sie zu den Hosen sagen würden. Einige sagten, sie seien zu alt, oder boten zwei alte Hosen für eine neue an. Die neuen Hosen waren minderwertig, aber für den Händler waren unsere alten Hosen mehr wert.

Das Feilschen ging den ganzen Nachmittag weiter, bis der Lotse kam und sie vom Schiff wegruderten.

*Abb.39 Die Händler riefen 'Alte Hose gegen neue Hose'*

Da wir durch den Suezkanal fahren mussten, musste der Lotse die Reihenfolge mit anderen Schiffen festlegen. Die Brücke sagte dem Elektriker, es würde eine Nachtfahrt und wir den Suez-Scheinwerfer bereitmachen sollten.

Auf der MS Riederstein hatten sie bei der Planung eine tolle Idee. Jedes NDL-Schiff hat vorne oben, wenn es ein Bremer Schiff ist, ein großes Bremer Wappen mit den Bremer Schlüssel darauf. Dieses Wappen konnte man vom Kabelgat aus öffnen und von dort aus den Scheinwerfer ausfahren und bedienen. Für mich als E-Assi., der den Scheinwerfer bedienen musste, wenn die Kommandos von der Brücke über die Gegensprechanlage

Ein weiterer Vorteil war, dass es nachts am Suez-Kanal bitterkalt wurde. Hier im Kabelgat war ich vor der Kälte geschützt. Unten am Fahrstand bediente dann der Elektriker den Maschinentelegrafen. Nachdem wir uns in den Konvoi eingereiht hatten, ging es in den Suez-Kanal. Am frühen Morgen, als es schon dämmerte, erreichten wir Suez. Der Lotse ging von Bord und wir liefen in den Golf von Suez ein, von dort aus in das Rote Meer.

Das Wetter war am frühen Morgen schon sehr warm, wir hatten bereits 25 Grad. Die See war ruhig, zurzeit konnte man es noch gut aushalten. Beim Frühstück sagte der Elektriker: »Hau dich bis zum Mittag in die Koje. Nach dem Mittagessen werde ich mich hinlegen.« Ich duschte mich und kroch dann gleich in meine Koje. Ich schlief tief und fest, bis mich der Steward zum Mittagessen weckte.

Das Rote Meer zeigte sich von seiner guten Seite. Wir hatten nicht die bekannte Hitze, sondern laut Aushang 27,0 Grad. Die See war glatt, wir liefen mit einer Marschgeschwindigkeit von 22 Knoten durch das Rote Meer. Die Meerenge bei Dschibuti erreichten wir in der Nacht.

Von da aus ging es in den Golf von Aden und weiter in den Indischen Ozean Richtung Australien. Jetzt kamen Tage ohne Abwechslung. Wir sahen keine Inseln, nur Wasser. Unsere anliegenden Arbeiten hatten wir bald erledigt. Da wir auf einem neuen Schiff waren, mussten auch keine Reparaturen vorgenommen werden. An Bord lief alles wie am Schnürchen.

Nachts auf der 12–4 Uhr–Wache rief der 3. Offiz. im Maschinenraum an und bat Ing. Assi. Erich um den Kompassschlüssel auf der Brücke. Erich ging zum Wachenden und fragte, was die Brücke benötigt. Der Wachende zeigte auf einen großen Schlüssel für eine übergroße

Mutter, der einen Meter lang und sehr schwer war. »Bring ihn rauf«, sagte er. Erich legte sich den Schlüssel auf die Schulter und trabte los. Oben auf der Brücke angekommen, sagte der Wach-Offiz.: »Das ist der falsche Schlüssel.« Jetzt merkte Erich, dass er auf den Arm genommen wurde. Im Maschinenraum wieder angekommen, sagte der Wachende: »Da musst du mit durch. Das wird bei jedem Neuling so gemacht.« Auch ich bin als Ing. Assi. darauf reingefallen.

Bei meinem täglichen Rundgang ging ich von der Rudermaschine bis auf die Brücke. Häufig stellte man mir die Frage, was es Neues gibt. Ich wusste nichts Neues, höchstens, was es heute zum Essen gab. Den Speiseplan hatte ich am Aushang gelesen.

Der Elektriker studierte die Unterlagen der eingebauten Geräte an Bord und machte sich Notizen zu dem, was er nicht verstand, um das bei nächster Gelegenheit bei den Firmen nachzufragen.

Nach Tagen und Wochen sahen wir Australien in weiter Ferne liegen. Beim Näherkommen auf Höhe Melbourne liefen wir vom Indischen Ozean in den Pazifischen Ozean ein. Von dort aus liefen wir die Bucht von Brisbane an. Wir legten uns auf Reede und warteten auf den Lotsen.

Brisbane ist die Hauptstadt des Bundesstaates Queensland. Die Stadt liegt am Unterlauf des Brisbane Flusses, der Hafen liegt auf der Fisher Man Island, einer künstlichen Insel.

Am nächsten Morgen kam der Lotse gefolgt von zwei Schleppern, die uns in die Pier bugsierten.

Unsere Decksmannschaft hatte während wir auf Reede lagen, uns wieder Topp geflaggt. So konnte jeder sehen, dass das Schiff sich auf seiner Jungfernfahrt befand, als wir in den Hafen einliefen. Nachdem wir festgemacht hatten, kamen die Behörden, der Amtsarzt und der Zoll an Bord.

Der Elektriker sagte, er hätte Verwandtschaft hier in Brisbane und wolle sie besuchen. Der Chief war damit einverstanden. Da wir hier vier Tage Liegezeit eingeplant hatten, wollte er drei Tage bei den Verwandten bleiben. »Sie holen mich hier mit ihrem Auto ab und bringen mich wieder zurück. Du hast dann Bordwache und kannst nicht an Land. Dafür hast du in Sydney frei und kannst dort etwas unternehmen.« Auch hier in Brisbane fand ein Fest statt.

Abends kamen die Gäste, die Damen sommerlich gekleidet und die Herren in einem hellen Anzug oder in einer weißen Uniform. Sie wurden vom 1. Offiz., der ebenfalls seine weiße Uniform trug, an der Gangway empfangen und vom Steward in den Speiseraum gebracht.

Unser Koch musste den Proviant wieder auffüllen, der Funker bestellte Lieferanten an Bord. Mit dem Koch zusammen wurden die Waren ausgesucht und bestellt, die noch am gleichen Tag geliefert werden sollten. Unser Speiseplan änderte sich jetzt, wir bekamen immer öfter Kängurufleisch als Braten und als Dauerwurst zu essen. Der Geschmack war gewöhnungsbedürftig, aber mit der Zeit gewöhnte man sich daran.

Nach drei Tagen brachten die Verwandten den Elektriker wieder zum Schiff. Er fragte mich: »Ist etwas Besonderes angefallen?« Ich antwortete: »Alles in Ordnung.« Er nickte und ging zum Chief, um sich zurückzumelden. Am nächsten Morgen liefen wir nach Sydney aus. Bei schönem Wetter und ruhiger See erreichten wir Sydney am frühen Morgen. Wir legten uns auf Reede und warteten auf den Lotsen. Nach einer halben Stunde kam er und wir lichteten den Anker. Er brachte uns an die Pier in der Nähe der berühmten Harbour Bridge.

Während der Fahrt dorthin war die MS Riederstein wieder über Topp geflaggt, sodass man sehen konnte, dass hier ein neues Schiff auf Jungfernfahrt unterwegs war. Laut Meldetafel in unserem Gang sollten wir in Sydney fünf Tage bleiben. Auch das Wetter sollte laut Wetterbericht warm bleiben, mit bis zu 30 Grad.

Wenn ich an meine Familie in Deutschland denke, bei denen jetzt kalter Winter ist, geht es mir hier richtig gut. Bei meiner Rückreise wird es in Deutschland dann Frühling und hier in Australien Herbst sein.

Sydney ist unzweifelhaft einer der schönsten Städte der Welt, mit einer tollen Lage und einem großen Natur Hafen und kilometerlangen weißen Sandstränden direkt vor der Haustür.

*Abb. 40 Die berühmte Hafeneinfahrt nach Sydney mit der Harbour Bridge*

In der Kombüse wurde vom Koch und seiner Mannschaft mit Unterstützung eines Restaurants hier in Sydney gebrutzelt und gebacken, alles für den heutigen Abend, dem großen Fest. Autos brachten Getränke und Kuchen mit dem dazugehörigen Teller und Tassen an Bord. Kellner deckten die Tische und bedienten auch anschließend die Gäste.

Der Elektriker hielt sein Wort, ich hatte drei Tage frei, in denen ich Sydney und Umgebung erkunden konnte. Der Chief hatte das auch genehmigt, sagte er. Einen Tag wollte er auch an Land, um sich die Stadt anzusehen.

Gleich nach dem Mittagessen ging ich zum Funker, holte mir einen Landgangsausweis und Geld. Bewaffnet mit meiner Fotokamera verließ ich das Schiff. Ich wollte in Sydney Aufnahmen machen. Der Blick auf den Bildzähler sagte mir, dass ich einen neuen Film brauchte. Ich befand mich auf der großen, breiten George Street. Hier muss es doch einen Fotohändler geben. Dann sah ich einen. Ich ging hinein und fragte, ob er einen Schwarz-Weiß-Film für meine Fotokamera hätte.

Er holte einen aus dem Regal und legte ihn auf den Tresen. Dann sagte er auf Deutsch: »Einen schwarz-weiß Film, 24 x 36 mm?«

Ich sagte: »Sie sprechen Deutsch, das ist ja toll.« Ich erzählte ihm, dass ich mit einem Schiff hier sei und mir die Stadt ansehen wollte. Er sagte: »Wenn du um 18 Uhr hier wieder vorbeikommst, dann habe ich Feierabend und zeige dir die sehenswerten Stücke.« Ich sagte: »Super, ich komme vorbei.« Auf der George Street traf ich meinen Kammerkollegen Hermann. Er sagte: »Ich suche ein Café, kommst du mit?« Ich nickte. Alkohol gibt es hier in Australien erst ab 18 Uhr, auch kein Bier.

Wir fanden ein Café mit Tischen draußen auf dem Fußweg. Wir bestellten uns jeder eine Tasse Kaffee. Nachdem die Kellnerin die Tassen gebracht und wieder außer Sicht war, sagte Hermann: »Den Kaffee muss man verbessern.« Er holte aus seiner Hosentasche einen Flachmann mit Kognak hervor, goss einen kräftigen Schuss in unsere Tassen und steckte den Flachmann schnell wieder ein, in der Hoffnung, dass es keiner gesehen hatte.

Nachdem wir die George Street rauf und runter gewandert waren, sagte Hermann: »Ich gehe an Bord Mittagessen.« Ich sagte: »Ich komme mit.«

Um 18 Uhr stand ich vor seinem Geschäft. Als er herauskam, sagte er: »Ich habe mich noch gar nicht vorgestellt, ich heiße Charles und ich« »Claus«. Er meinte: »Heute ist Freitag, da gehe ich immer in den Deutschen Club. Ob ich mitwollte? Die Stadtbesichtigung können wir morgen machen.« Wir fuhren mit seinem VW Käfer zum Club. Da hier in Australien links gefahren wird, muss man beim Linksabbiegen den Arm aus dem Fenster halten. Er meinte: »Wenn es regnet, haben wir dafür einen wasserdichten Ärmel.«

Im Club angekommen, hörte ich schon vor der Eingangstür, wie man ein mir bekanntes deutsches Volkslied sang: »Guten Abend, gute Nacht«. Nachdem wir den Raum betreten hatten, hörte ich, dass hier nur Deutsch gesprochen wurde.

Nachdem das Lied zu Ende war, stellte mich Charles vor. »Ich habe Claus, einen deutschen Freund, mitgebracht. Er ist mit einem deutschen Schiff hier in Sydney, das seine Jungfernreise hier nach Australien macht.« Eine junge Frau rief: »Das habe ich in der Zeitung gelesen. Dort findet heute ein großes Fest statt.«

Einer fragte: »Bist du bei der Feier auch dabei?« Ich sagte nur: »Offiziere Ich bin noch ein Offiziersanwärter.« Ich wurde umringt, viele Fragen prasselten auf mich ein: »Wie geht es Deutschland?« oder »Ich vermisse das deutsche Brot hier, besonders das Schwarzbrot.«

Während ich das Buch schreibe, habe ich mit einem Kollegen gesprochen, der in Sydney im Urlaub war. Er sagte: »In Sydney habe ich sogar einen ALDI-Laden gesehen.« Das heißt, wenn es sogar einen deutschen ALDI-Laden dort gibt, wird es heute auch einen deutschen Bäcker in Sydney geben.

Nach einer Stunde Fragen beantworten sagte Charles: »Lass uns gehen. Ich kenne eine schöne kleine Bar, dort können wir uns in Ruhe unterhalten.«

In der Bar angekommen, erzählte ich ihm, wie gut mir Australien gefällt. Er sagte: »Warum wanderst du nicht aus hierher? Die Deutschen sind hier beliebt, eine Arbeitsstelle zu finden ist kein Problem.« Er sagte: »Im Vorort von Sydney entsteht eine neue Siedlung. Da könntest du dir ein Haus kaufen, zu guten Konditionen, wie ich gehört habe. Wenn du willst, können wir dort hinfahren und uns ein Musterhaus ansehen.« Ich sagte: »Das ist eine gute Idee.« Am nächsten Morgen holte mich Charles beim Pförtner am Hafenausgang ab.

Die Fahrt zum Musterhaus dauerte nur 15 Minuten. Große Reklameschilder zeigten uns schon lange vorher, wo das Musterhaus steht. Das Musterhaus war aus Holz gebaut. Seitlich am Haus war eine Garage. Charles sagte, dass das hier üblich sei, wegen der Erdbeben, die hier manchmal vorkommen. Vor dem Haus standen schon mehrere Menschen, die wie wir das Haus besichtigen wollten. Im Eingangsbereich standen Tische mit Unterlagen, und zwei Herren standen zur Beratung zur Verfügung.

»100 qm groß ist die Wohnfläche«, entnahm ich dem Prospekt. Das Wohnzimmer war sehr groß mit 45 qm. Die Fenster reichten vom Boden bis zur Decke, wodurch das Zimmer gut ausgeleuchtet war. Alle weiteren Zimmer waren gut geschnitten und modern eingerichtet. Mir gefiel das Haus sehr gut. Charles sagte: »Sprechen wir mit dem Berater.« Der Berater sagte: »Dieser Haustyp kann ich Ihnen ein halbes Jahr festhalten, wenn Sie einen Vorvertrag machen. Wenn Sie sich bis dahin nicht gemeldet haben, verfällt der Vertrag, ohne dass Ihnen Kosten entstehen.« Charles sagte: »

Mach einen Vorvertrag. Du gehst damit kein Risiko ein. Du hast jetzt ein halbes Jahr Zeit, dir zu überlegen, ob du nach Australien kommen willst oder nicht.« So machte ich den Vertrag, vor allem, weil der australische Staat einen Zuschuss für Einwanderer mit einem Berufsabschluss gibt.

Charles sagte: »Ich muss wieder zurück zu meinem Geschäft, meine Frau ablösen. Morgen ist Sonntag, da habe ich mir vorgenommen, mit dir zu den Blue Mountains zu fahren. Ich habe eine deutsche Untermieterin bei mir seit einem Jahr, die könnte ich fragen, ob sie mitfahren möchte. Ich bin dann morgen früh um 9 Uhr am Hafenausgang.« Er brachte mich noch zum Hafen, sagte »bis morgen früh« und fuhr ab.

Ich ging an Bord, meldete mich beim Chief und Elektriker zurück. Ich sagte ihm, ich bleibe an Bord, er könnte an Land gehen, wenn er wollte. Das wollte er.

Am nächsten Morgen war ich pünktlich um 9 Uhr am Hafenausgang. Charles und eine junge Dame standen dort. Sie war groß, hatte lange blonde Haare und wie ich später feststellte, blaue Augen. Ihr Alter schätzte ich auf 25 Jahre. Sie warteten schon auf mich.

Ich stellte mich vor. Sie sagte: »Mein Name ist Monika.« Charles meinte: »Lasst uns fahren. Bis zu den Blue Mountains sind es eine Stunde Fahrt.« Dort angekommen auf dem Parkplatz suchten wir nach einem freien Parkplatz. Charles sagte: »Heute ist Sonntag, da sind viele Leute unterwegs zu den Sehenswürdigkeiten in Sydney und Umgebung.«

Ich kaufte drei Fahrkarten für die Gondel und wir gingen zur Aussichtsplattform, wo die Gondeln (Scénic Skyway) ablegten.

*Abb. 41 Die Gondel der Blue Montanis*

Über Lautsprecher wurde uns während der Fahrt erklärt, dass wir von der einen Hochplatte zur anderen über die Schlucht schweben würden, vorbei an den drei Felsen Schwestern, wie er weiter erklärte.

Der Name Blue Mountains kommt daher, dass unten in der Schlucht überwiegend Eukalyptus-Bäume stehen, bei denen die Blätter blauen Dunst ausströmen, sodass die Schlucht blau aussieht. Auf der anderen Seite des Hochplateaus angekommen, gab es ein großes Restaurant. Wir suchten draußen einen schönen Tisch mit Blick auf die Schlucht aus.

Ich lud sie zum Essen ein, auf der Speisekarte wurde auch Kängurufleisch angeboten, das ich nicht unbedingt brauchte. Ich bestellte mir ein Rindersteak. Nach dem Essen fuhren wir wieder zurück. Charles sagte: »Heute Nachmittag habe ich einen Termin, ich fahre euch zurück nach Sydney, dort könnt ihr die Stadt unsicher machen.

Für die Sehenswürdigkeiten gebe ich euch einen Stadtplan mit, (den ich heute noch habe) dort sind sie alle vermerkt.« Die Rückfahrt nach Sydney verlief fröhlich und lachend.

Wir hatten uns jetzt näher kennengelernt und verstanden uns gut. Charles setzte uns an seinem Geschäft ab und sagte, es sei noch genügend Zeit, um auch zum Sydney Taronga Zoo zu fahren. Der sei mit der Fähre von hier aus nur 15 Minuten entfernt. Monika sagte: »Das ist eine gute Idee, dort war ich noch nicht.« Sie nahm meine Hand und sagte: »Ich weiß, wo die Fähre hält, lass uns dort hingehen.«

Wir hatten Glück, die Fähre zum Zoo wartete schon auf uns, das Ticket konnte man auf der Fähre lösen. Nach einer kurzen Fahrzeit entlang eines langen Sandstrands, der von der Stadt Sydney bis zum Zoo führte, erreichten wir nach kurzer Zeit den Anleger vom Zoo.

Auch hier standen viele Menschen vor der Zoo-Kasse. Nachdem wir unsere Karten hatten, gingen wir den gut beschilderten Wegen entlang. Das Erste, was wir sahen, war das Kängurugehege, wo Gäste die Kängurus streichelten, die Tiere kannten das schon und liefen nicht weg.

*Abb.42 Auch ich streichelte ein Känguru.*

*Abb.43 Koalabär im Gehege im Zoo*

Im nächsten Gehege waren die Koalas untergebracht, die versteckt in den Eukalyptusbäumen ihren Mittagsschlaf hielten. Wir stellten fest, dass das ein großer Park war, den man an einem Tag nicht besichtigen konnte, dazu brauchte man mehrere Tage. Nach zwei Stunden Besichtigung reichte es uns, wir wollten zurück in die Stadt.

In Sydney angekommen, suchten wir uns ein Café. Für mich wäre bei der Hitze ein kühles Bier besser gewesen, aber wegen des Alkoholverbots tagsüber begnügten Monika und ich uns mit einer großen Tasse Kaffee. Sie erzählte mir, dass sie für zwei Jahre hier in Australien bleiben würde. Frauen mit abgeschlossener Ausbildung und guten Englischkenntnissen konnten sich hier in Australien bewerben.

Der Hin- und Rückflug sowie eine Arbeitsstelle würden garantiert und man hoffte, dass sie nach den zwei Jahren in Australien bleiben würde. »Lasst uns tanzen gehen«, sagte Monika zu mir. »Hier ganz in der Nähe gibt es ein Tanzlokal mit toller Musik.« Sie hakte sich bei mir ein und sagte, dass sie schon aufhaben müssten. Von weitem hörten wir die Tanzmusik und Monikas Schritte wurden schneller.

Die Gaststätte war voll mit tanzwütigen Paaren. Monika schob mich gleich auf die Tanzfläche, es wurde ein langsamer Walzer gespielt. Monika schmiegte sich an mich, sie mit ihrem dünnen Sommerkleid. Ich spürte sie gefährlich gut, besonders ihre Rundungen.

Nach dem Walzer suchten wir uns einen freien Tisch. Da es nach 18 Uhr war, bestellten wir bei einem Ober jeweils ein Bier. Ich bemerkte, dass Monika von den Männern im Saal angesehen wurde. Ihre Größe und ihre blonden Haare fielen auf und ich musste damit rechnen, dass sie während wir hier am Tisch saßen, von anderen Herren zum Tanzen aufgefordert wurde. Das wollte ich nicht, also gingen wir wieder zur Tanzfläche.

Bei einem langsamen Tanz legte sie mir ihre Hände hinter meinen Hals und ihren Kopf an meine Schulter. Ich merkte, dass ich das lange so nicht mehr aushalten würde. Nach einer Stunde sagte sie: »Lasst uns in eine kleine Bar gehen, wo es ruhiger ist. Dort können wir uns besser unterhalten.« Wir fanden die Bar am Ende der Straße. Ich wusste, dass das der letzte Tag mit ihr war. Wir liefen morgen aus nach Melbourne. Wenn ich ihr das jetzt sagen würde, wäre der schöne Tag mit ihr vorbei. Also sparte ich das bis zum Schluss auf.

In der Bar hatten wir noch einen schönen Abend. Ich erzählte ihr, dass ich eventuell ein Haus hier in Sydney kaufen würde und nach Australien auswandern möchte. Aber dafür müsste ich noch studieren, bevor das möglich ist. Im Taxi, als ich sie nach Hause brachte, sagte ich ihr, dass wir morgen auslaufen würden.

Sie sah mich lange an. »Damit habe ich nicht gerechnet«, sagte sie. Das Taxi hielt, wir stiegen aus, sie umarmte mich und sagte: »Es war schön mit dir«, fing an zu weinen, drehte sich um und ging zur Haustür, ohne sich noch einmal umzudrehen. Ich hatte dem Taxifahrer gesagt, er solle warten. Ich stieg ein und sagte: »Zum Hafen bitte.« Er fuhr los.

Wir haben uns viele Briefe geschrieben, aber ich bin nicht mehr nach Australien gekommen. Ob Monika in Australien nach ihren zwei Jahren blieb, weiß ich nicht.

Das Haus wurde nach einem halben Jahr verkauft, weil ich mich nicht mehr meldete hatte.

Am nächsten Tag liefen wir aus nach Melbourne. Der Alltagstrott lief wieder an. Der morgendliche Rundgang von der Rudermaschine, dem Maschinenraum und der Brücke. In der Werkstatt mussten liegengebliebene Reparaturen erledigt werden. Melbourne erreichten wir in der Nacht und legten uns in der Port Phillip Bucht vor Anker, um auf den Lotsen zu warten.

Der Lotse und zwei Schlepper brachten uns in den Hafen und an die Pier. Nachdem wir festlagen, kamen die Behörden an Bord. Die Überprüfung ging schnell; sie waren jetzt in der Nacht sicher müde. „Ich will schnell zurück ins Büro«, sagte eine der Behördenvertreterinnen.

Unser Schiff hatte große Gefrierräume, dafür war ein Maschinist zuständig, wir nannten ihn Eisbär. Er musste die Anlagen überwachen und die Temperaturen in einer Kladde viermal am Tag eintragen. Diese Gefrierräume wurden jetzt mit gefrorenen Rinderhälften und Kängurufleisch beladen. Beim Frühstück fragte ich den Elektriker, ob er hier an Land gehen wollte. »Das ist mir hier zu warm. Wir haben jetzt schon über 30 Grad draußen. Wenn du willst, kannst du gehen. Denke daran, heute Abend laufen wir wieder aus.«

Hier in Melbourne fanden 1956 die Olympischen Sommerspiele statt. Vielleicht kann man noch etwas davon sehen. Ich machte mich landfein, holte Geld und einen Landgangsausweis und ging aus dem Hafen direkt in die Stadt. Melbourne, obwohl es so warm war, war voller

Menschen, Straßenbahnen quietschten und Autos hupten.

»Gibt es hier noch Austragungsplätze von den Olympischen Spielen zu sehen?«, fragte ich einen Passanten. »Unser Sportplatz war ein Austragungsort«, sagte er und beschrieb ihn mir. Der Platz war unweit von hier. Nach einer Viertelstunde sah ich ihn: Vor dem Eingang waren oben über der Tür die olympischen Ringe noch zu sehen, die man sicher als Andenken dort gelassen hatte.

Ich sah einen großen Sportplatz mit überdachten Drehbühnen und allem, was für einen Wettkampf benötigt wird. Ich wollte zurück an Bord. Ich hatte die olympische Austragungsstätte gesehen. Das reichte für heute. Es war so warm, dass mir der Schweiß an meinem Körper herunter lief. Meine Hose und mein Hemd waren nass. Während ich zurück an Bord ging, kam ich an einem kleinen Holzhäuschen vorbei.

Es sah so aus wie unsere Häuschen auf dem Weihnachtsmarkt. Dort wurde gekühlter Milchshake angeboten. An der Wand standen vier große Kannen: eine mit Erdbeeren, die anderen mit Banane, Apfel und Kiwi. Ich bestellte mir einen halben Liter des köstlichen Erdbeershakes. Nachdem ich alles ausgetrunken hatte, fragte mich die junge Dame, ob ich noch den Apfelshake probieren wollte. Ich lehnte ab, bezahlte und ging.

Am Abend liefen wir wie angegeben aus. Unser nächster Hafen war Perth. Wir fuhren jetzt in der Bass-Straße entlang, vom Pazifischen Ozean in den Indischen Ozean. Ab Perth begann die Heimreise.

Am Morgen liefen wir Perth an. Nachdem wir fest an der Pier lagen, wurde unser Kühlraum mit weiteren gefrorenen Rinderhälften beladen. Am Abend liefen wir wieder aus in den Indischen Ozean. Unser nächster Hafen war Aden in Arabien.

Nach Tagen erreichten wir Aden und legten uns auf Reede, um auf den Lotsen zu warten. »Aden ist eine Hafenstadt am Golf von Aden«. Weniger als 300 km westlich der Meerenge, die den Golf von Aden mit dem Roten Meer verbindet. Im Hafen überragt das hohe Vulkan-Gebirge, das von ihm eingeschlossen ist. Der Hafen wird hauptsächlich zum Bunkern angelaufen.«

Der Lotse brachte uns an die Pier, nachdem wir festlagen, wurden die Schläuche an unserem Schiff angeschlossen. Nach vier Stunden waren unsere Tanks voll, der 2. Ing. ging in das Gebäude der Verwaltung, um das gebunkerte Schweröl und Schiffsdiesel um die Rechnung zu unterschreiben. Eine halbe Stunde später liefen wir in Richtung Rotes Meer aus.

Im Roten Meer gab es nichts Neues, nur eines Morgens nach dem Frühstück bei meinem Rundgang. Sah ich auf der Steuerbordseite eine dunkle Wolke auf uns zukommen. Ich hörte ein leises Zirpen und Klappern, das immer lauter wurde, je näher die Wolke kam. Ich sah zu, dass ich in meine Kammer kam, um das Bullauge zu schließen.

Ich hatte es gerade zugemacht, da legte sich die Wolke auf unser Schiff. Jetzt sah ich erst, dass die Wolke Heuschrecken waren. Sie verteilten sich auf unser ganzes Schiff. Das Zirpen und Klappern war jetzt extrem laut, die Decksmannschaft schloss Schläuche an die Deckswasserleitung an und versuchte, sie damit über Bord zu spülen. Alle bekamen sie nicht weg, viele saßen oben an den Masten, so hoch kam der Wasserstrahl nicht.

Als wir später ins Mittelmeer fuhren, sah ich immer noch Heuschrecken herumhüpfen. Die Temperatur im Mittelmeer war erheblich kälter, das konnten sie nicht ab und starben.

Am nächsten Morgen liefen wir Suez an und warteten auf den Lotsen, damit wir uns einreihen konnten in den Konvoi durch den Suez-Kanal. Wir erreichten die Straße von Gibraltar spät in der Nacht. Ich konnte in der Ferne Gibraltar hell erleuchtet sehen. Am nächsten Tag erreichten wir den Golf von Biskaya. Von dort ging es in den Kanal, weiter nach Rotterdam.

In Rotterdam angekommen, warteten wir auf den Lotsen, der kurze Zeit später mit dem Lotsenboot kam. Nach einer weiteren Stunde lagen wir fest an der Pier. Laut der Tafel im Gang sind hier in Rotterdam zwei Tage vorgesehen.

Als erstes wurden die eingefrorenen Rinder- und Känguruhälften aus unseren Kühlräumen verladen. Ein Kühl-LKW nach dem anderen fuhr an der Pier vor und wurde von den landseitigen Kränen beladen, bis unsere Kühlräume leer waren. Parallel dazu wurden am Vorschiff die Luken gelöscht. Es wurde Tag und Nacht gearbeitet, sodass wir nach zwei Tagen wieder auslaufen konnten.

Unser nächster Hafen war Bremen. Die Außenweser erreichten wir am frühen Morgen. Der Lotse kam auf uns zugefahren und kam über die außenbords hängende

Strickleiter an Bord. Der 3. Offiz. brachte ihn auf die Brücke. Ich wusste, die Fahrt zum Bremer Überseehafen dauert von hier aus noch fünf Stunden. Ich freute mich, meine Familie wiederzusehen, nachdem wir festlagen an der Pier im Bremer Europahafen.

Als ich meine Familie auf der Pier stehen sah, rief ich runter: »Ich komme gleich zu euch!« Unser Inspektor war der erste, der auf der Gangway an Bord kam. Er besuchte zuerst den Chief, und nach kurzer Zeit kam er wieder heraus und kam zu uns, dem Elektriker und mir. Er meinte: »Setzen wir uns in die Messe, da haben wir mehr Platz.«

Er fragte uns: »Alles in Ordnung?« Der Elektriker antwortete: »Es müssen von der Werft noch mehrere kleine Arbeiten erledigt werden. Ich habe sie aufgeschrieben.« Der Inspektor sagte: »Das ist gut.« Dann wandte er sich an mich und sagte: »Sie bekommen ein anderes Schiff, die MS Saarstein, als 2. Elektriker.«

Hurra, ich war befördert worden zum Offiz.! Er sagte: »Bei Herrn Schmidt können Sie sich einen Zeugschein holen und von der Aa Geschäft sich eine Uniform anfertigen lassen. Ihre Ablösung kommt in Hamburg an Bord. Bitte bleiben Sie solange an Bord. Sie haben dann Urlaub bis die MS Saarstein am 20. Juni in Hamburg einläuft. Da Sie im September zur Meisterschule gehen, haben wir für Sie eine kurze Reise ausgesucht, damit Sie rechtzeitig zu Ihrem Studium in Oldenburg teilnehmen können.«

Ich bedankte mich für die Beförderung, er nickte nur. Ich eilte zu meiner Familie an die Pier und erzählte ihnen die

Neuigkeiten der Beförderung und dass ich etwa zwei Monate lang Urlaub hätte.

*Abb. 44 Meine Familie und Freundin warten auf die MS Riederstein.*

# MS Saarstein

Abb. 45 MS Saarstein

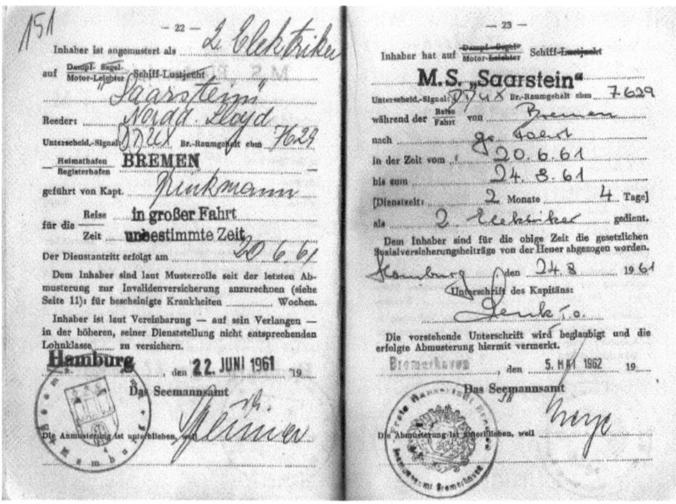

— 22 —

Inhaber ist angemustert als 2. Elektriker

auf ~~Dampf- Segel-~~ Motor-~~Leichter~~ Schiff-~~Lustjacht~~ „Saarstein"

Reeder: Nordd. Lloyd

Unterscheid.-Signal: DTUX Br.-Raumgehalt cbm 7629

Heimathafen / Registerhafen BREMEN

geführt von Kapt. Rinkmann

für die Reise in großer Fahrt / Zeit unbestimmte Zeit

Der Dienstantritt erfolgt am 20.6.61

Dem Inhaber sind laut Musterrolle seit der letzten Abmusterung zur Invalidenversicherung anzurechnen (siehe Seite 11): für bescheinigte Krankheiten ........ Wochen.

Inhaber ist laut Vereinbarung — auf sein Verlangen — in der höheren, seiner Dienststellung nicht entsprechenden Lohnklasse ...... zu versichern.

Hamburg, den 22. JUNI 1961 19..

Das Seemannsamt

Die Anmusterung ist unterblieben, weil

— 23 —

Inhaber hat auf ~~Dampf- Segel-~~ Motor-~~Leichter~~ Schiff-~~Lustjacht~~

M.S. „Saarstein"

Unterscheid.-Signal: DTUX Br.-Raumgehalt cbm 7629

während der Reise/Fahrt von Bremen

nach gr. Fahrt

in der Zeit vom 20.6.61

bis zum 24.8.61

[Dienstzeit: 2 Monate 4 Tage]

als 2. Elektriker gedient.

Dem Inhaber sind für die obige Zeit die gesetzlichen Sozialversicherungsbeiträge von der Heuer abgezogen worden.

Hamburg, den 24.8. 1961

Unterschrift des Kapitäns:

Die vorstehende Unterschrift wird beglaubigt und die erfolgte Abmusterung hiermit vermerkt.

Bremerhaven, den 5. MAI 1962 19..

Das Seemannsamt

Die Abmusterung ist unterblieben, weil

Abb. 46

## *MS Saarstein NDL Bremen*

20.06.1961 – 24.08.2061
2.Elektriker
Brasilien Amazonas

Vom Schiffsmelde-Dienst in Hamburg erfuhr ich, wann die MS Saarstein in Hamburg einläuft und an welchen Schuppen sie anlegt. Ich war pünktlich da und sah die MS Saarstein am Wendebecken von zwei Schleppern drehen und an die Pier ziehen. Nachdem sie festlag und die Gangway heruntergelassen wurde, ging ich an Bord.

Mein erster Weg führte zum Chief, um mich anzumelden. Ich traf ihn auf dem Bb-Gang, er kam aus dem Maschinenraum und ging zu seiner Kammer. Er sagte: »Gut, dass du da bist, wir laufen heute Nacht wieder aus.«

Der nächste Weg führte zum Elektriker, der bereits auf mich wartete. Er sagte: »Gut, dass du da bist, mein Zug nach Bremen fährt in einer Stunde.« Wir machten einen kurzen Rundgang, einschließlich der E-Werkstatt dort war alles sauber und aufgeräumt. Er stellte mich den Kollegen, die wir unterwegs trafen, vor. Alles war sauber und in Ordnung. Er sagte: »Du vertrittst mich nur eine Reise. Nach meinem Urlaub komme ich wieder an Bord.«

Wir gingen zurück zu seiner Kammer, er sagte »Gute Reise«, nahm seinen Koffer und ging von Bord. Auf den kleinen Schiffen gab es keinen E-Assistenten, aber für mich war das kein Problem, ich würde die anfallenden Arbeiten auch allein schaffen. Ich musste mich erstmal daran gewöhnen, eine Einzelbettkammer zu haben. Da die MS Saarstein ein kleines Schiff war, waren die Kammern im Vergleich zur MS Riederstein erheblich kleiner, aber ausreichend. Es gab einen großen Kleiderschrank mit Auszügen, einen Schreibtisch und natürlich eine Koje.

Zwei Bullaugen waren nach vorne zur Luke zwei ausgerichtet und brachten genug Licht in die Kammer. Der Steward hatte die Koje neu bezogen und die Kammer sauber gemacht. Ich räumte meine Sachen ein, zog meine neue Khaki-Uniform an. Jetzt waren die Schulterstücke mit einem goldenen Streifen versehen. Inzwischen war es Mittag geworden, ich ging zur Offiziersmesse.

Der Steward zeigte mir meinen Platz beim Tisch der Maschinen-Ings. und Assistenten, wie bis jetzt auf allen mir bekannten NDL-Schiffen. Um Mitternacht liefen wir aus, ich übernahm den Maschinentelegrafen, obwohl ich das nicht mehr brauchte.

Unser nächster Hafen war Rotterdam. Nach vier Stunden erreichten wir Cuxhaven, dort ging der Lotse von Bord. Wir fuhren weiter zur Deutschen Bucht in die Nordsee bei ruhiger, glatter See und lauwarmem Sommerwetter. Rotterdam erreichten wir am Nachmittag, wir warteten auf den Lotsen, der eine halbe Stunde später kam und uns in den Hafen an die Pier brachte. Hier wurden noch Stückgut für Teneriffa und Belem geladen, sagte mir der 3. Offiz. »Morgen Mittag laufen wir wieder aus nach Teneriffa, Kanarische Inseln«, meinte er. So war es auch. Der Lotse kam um 13 Uhr an Bord.

Nachdem er wieder von Bord gegangen war, waren wir zwei Stunden später im Kanal und von dort aus auf dem Atlantischen Ozean. Das Wetter hatte gehalten, die MS Saarstein pflügte durch den Atlantischen Ozean in Richtung der Kanarischen Inseln bei schönem Wetter und ruhiger See.

Wir liefen Teneriffa mitten in der Nacht an, das Lotsenschiff kam uns mit eingeschalteten Lotsensignallampen schon entgegen. Eine Stunde später lagen wir fest im Hafen an der Pier. Teneriffa und anderen Kanarische Inseln kannte ich schon von der MS Liebenstein, von der wir Bananen und Tomaten für Hamburg und Bremen geholt hatten. Das wiederholte sich alle sechs Wochen.

Am frühen Morgen hörte ich das Geschrei der Schauerleute an der Pier und bei uns auf dem Schiff. Die Lukendeckel wurden lautstark aufgemacht, Schlaf war nicht mehr möglich. Also sprang ich aus der Koje, ging duschen und hoffte, dass der Steward schon Kaffee gekocht hatte.

In der Offiziersmesse sah ich ihn an der Kaffeemaschine hantieren. Als er mich sah, sagte er: »In einer viertel Stunde ist der Kaffee fertig«, und ich nickte. Ich sah auf meine Armbanduhr; bis zum Frühstück waren noch eine Stunde. Ich dachte, ich mache meinen täglichen Rundgang vor dem Frühstück und nicht danach.

Nach zwei Tagen Liegezeit liefen wir zur Mittagszeit wieder aus in den Atlantischen Ozean, zum Amazonas nach Belem. Bei schönem Wetter fing ich an, die Ladewinden zu überholen. Nach der zweiten Ladewinde sah ich, dass sie top gewartet waren, sodass ich nur eine Kontrolle machen musste. Nach Tagen erreichten wir die Einfahrt Baia de Marago. Weiter fuhren wir zur Bucht Marago Belem, dort nahmen wir den Lotsen auf, der uns mit zwei Schleppern in den Hafen an die Pier brachte. Ich sah, dass landseitig mit Kränen gelöscht wurde. Das war für mich eine Möglichkeit, an Land zu kommen. Ich fragte den Chief, der sagte: »Bleib nicht so lange weg. Falls sie doch noch mit unseren Winden arbeiten sollten, wäre es gut, wenn du dann an Bord wärst.«

Ich zog mich sommerlich an. Die Temperatur war hier im Hafen bei leichtem Wind schon über dreißig Grad. In der Stadt wird es sicher noch heißer werden. Belem liegt an der Baia de Guajava, der Mündung des Rio Guama und der Bucht von Marago Belem. Sie ist die Hauptstadt des Bundesstaates Para. Sie wird auch als das Eingangstor zum Amazonasgebiet bezeichnet.

*Abb. 47 Die Mangobäume an den Straßen in Belem haben den Beinamen ‚Stadt der Mangobäume'*

*Abb. 48 Auf dem Markt war das Angebot mit Mangos groß.*

Die Straßen in der Stadt sind mit Mangobäumen gesäumt. Daher soll auch der Name Belem herkommen, und hat den Beinamen »Stadt der Mangobäume«. An der Gangway traf ich den Ing. Assi. Kurt, der auch in die Stadt gehen wollte. Ich schloss mich ihm an. Direkt am Hafenausgang war der Markt. Hier sah ich bergeweise Mangos auf den Tischen liegen, schön farbig und reif. Der Geruch an den Ständen von den Mangos war verführerisch. »Eine zu kaufen«, dachte ich.

Nach dem Markt gingen wir in die Stadt. Ich war beeindruckt von den alten Prachtbauten, die - so sagte Karl - alle aus der Zeit des Kautschukbooms stammten. Der Kautschuk wird jetzt durch Kunststoff ersetzt. In der Stadt war es schweißtreibend warm. »Lass uns ein Café oder eine Bar suchen, ich verdurste«, sagte ich zu Karl. Wir suchten, aber fanden keine. Karl schlug vor, an Bord zu gehen und dort ein Bier zu trinken.

Wir verließen Belem am nächsten Tag und fuhren von der Baia de Marajo in den Amazonas ein, nach Santarem. Santarem liegt in der Mitte zwischen Manaus und Belem. Auch hier, wie in Belem, gibt es in den älteren Stadtteilen Prachtbauten, Zeugen des Kautschuk-Booms. Die Temperaturen lagen meist bei 35 Grad, und abends waren es immer noch 25-30 Grad. In Santarem sollten wir Paranüsse und Kautschukballen laden.

Während der Fahrt von Belem nach Santarem hatte sich herumgesprochen, dass außerhalb von Santarem im Urwald ein Restaurant gibt, wo junge einheimische Mädchen nackt auf dem Tisch tanzen. Von vielen hörte ich, dass ich mir das Ansehen müsse. Für mich kam das nicht in Frage. Ich hatte von dem 2. Offiz. gehört, dass wir in Santarem mit Landkränen und unserem Ladegeschirr laden und löschen würden. Damit hatte ich Bordwache.

Abb. 49 Auf der Fahrt nach Santarem begegneten wir diese Ausflugsschiffe.

Santarem erreichten wir am Nachmittag. Der Lotse und die Schlepper brachten uns an die Pier. Die Schauerleute fingen gleich an zu löschen. Seitlich an unserem Schiff legten sich Schuten an, die Paranüsse geladen hatten. Mit unserem Ladegeschirr wurden die Nüsse in großen Körben in unsere Luken gekippt. Der Geruch der Nüsse war fürchterlich.

Es roch fettig und muffig. Die Luken Lüfter liefen auf volle Stärke. Der Geruch verteilte sich auf dem ganzen Schiff und im Umfeld. Weil bei dieser Wärme hier im Hafen alle Bullaugen und Türen offenstanden, wurden diese jetzt schnell geschlossen.

Unten in der Luke standen zwei Schauerleute, die die Paranüsse auf einem Haufen schaufelten. Diese beiden Schauerleute werden mit uns nach Europa fahren. Sie müssen den Haufen Paranüsse ständig um schaufeln, damit die Nüsse nicht schimmelig oder ranzig werden. Geschlafen und gegessen haben sie in der Luke. Ab und zu bekamen sie auch etwas vom Koch zum Essen. Ansonsten hatten sie alles mitgebracht.

Am nächsten Morgen wurden die Fotos betrachtet, die sie mit einer Sofortbildkamera im Urwald befindlichen Restaurant von den nackten Mädchen mit ihnen zusammen aufgenommen hatten.

Am Nachmittag wurde ein Zinksarg gebracht, der Sarg sollte mit nach Bremen genommen werden. Wie ich hörte soll der Tote ein Deutscher sein, der vor Jahren ausgewanderte. Sein letzter Wunsch war es, wenn er sterben sollte, in seiner Heimatstadt Bremen beerdigt zu werden. Der 2. Offiz. ließ ihn im Vorschiff ins Kabelgat bringen.

Ich fragte den Chief, ob ich für eine Stunde an Land gehen könnte. Die Paranüsse waren verladen. Jetzt wurden nur noch Stückgut mit landseitigen Kränen auf das Schiff geladen. Er sagte, dass ich maximal zwei Stunden an Land gehen könne. Ich dachte, länger halte ich das bei der Hitze in der Stadt sowieso nicht aus.

In der Stadt sah ich die Prachtbauten, gepflegt und gut erhalten. Wenn man bedenkt, wie alt die Gebäude schon sind, entstanden sind sie in der Zeit des Kautschukbooms im 19. Jahrhundert. Auch hier gab es wie in Belem einen Markt. Dort wollte ich ein Mitbringsel für meine Lieben in Bremen suchen. Auf einem Stand sah ich kleine Damenhandtaschen, gefertigt aus Krokodilleder. Ich handelte einen guten Preis aus und kaufte drei Stück davon. (Damals durfte man Kroko Taschen noch einführen, heute nicht mehr).

Ich schwitzte, mein Hemd war nass. Ich fragte mich, wie die Menschen hier das aushalten konnten. Hier auf dem Markt schwitzte keiner der Marktbesucher. Ich beschloss, wieder an Bord zu gehen. Eins hatte ich gelernt: Nur noch abends, wenn es geht, in die Stadt und ins Restaurant zu gehen, dann ist die Temperatur nicht mehr so hoch.

Ich meldete mich beim Chief zurück. Ich sah, dass er froh war, dass ich wieder an Bord war. Wir wollten am Abend auslaufen.

Inzwischen hatten sich Händler vor unserer Gangway an der Pier versammelt, mit großen und kleinen Affen, die sie verkaufen wollten. Sie hielten sie mit einem Strick um den Hals fest in der Hand und priesen sie lautstark an. Ich hörte, dass sie kein Geld, sondern Zigaretten als Zahlungsmittel haben wollten. Der Kapitän hatte uns erlaubt, Tiere an Bord nehmen zu dürfen, ausgenommen waren Schlangen. Da am Achterschiff nicht mehr gelöscht wurde, durften die Händler an Bord kommen.

Ich wollte mir einen Affen kaufen. Ich ging zum Steward und holte mir zwei Stangen Zigaretten (die damals 5,00 DM pro Stange kosteten). Ich wartete, bis alle Händler an Bord waren. Ausgesucht hatte ich mir einen Kapuzineraffen. Ich verhandelte mit dem Händler, aber zwei Stangen Zigaretten waren ihm zu wenig.

Also ging ich zum nächsten Händler und sah mir die Affen an. Plötzlich kam der erste Händler angerannt und sagte, ich könnte ihn für die zwei Stangen Zigaretten bekommen. Ich gab ihm die Zigaretten, er gab mir den Affen. Ich nahm ihn auf den Arm und brachte ihn in meine Kammer und band ihn unter dem Waschbecken fest.

Zu meinen Aufgaben gehörte es unter anderem, vor dem Auslaufen das Typhon zu prüfen, da wir in einer Stunde auslaufen wollten. Auf der Brücke sagte der wachhabende 2. Offiz., dass er das schon machen würde. Damit war das Typhon für mich erledigt. Die Matrosen sagten den Händlern, dass wir auslaufen und sie von Bord müssten. Das wollten sie nur widerwillig.

Dann ertönte das Typhon. Alle sahen erschreckt zum Schornstein. Mehrere Affen rissen sich los und flüchteten auf den Mast. Jetzt war das Geschrei der Händler groß. Sie versuchten, die Affen wieder einzufangen.

Sie waren in Panik und flüchteten, wenn sich jemand näherte. Die Decksleute versuchten, sie mit einem Netz zu fangen, aber ohne Erfolg. Die meisten Affen saßen auf der Mastspitze. Alle hatten Angst, sie dort herunterzuholen und von ihnen gekratzt oder gebissen zu werden. Die Händler mussten von Bord. Die Decksleute drängten sie zur Gangway. Laut schreiend gaben sie nach. Der Lotse kam eine halbe Stunde später an Bord, und wir legten ab.

Unsere Fahrt ging wieder nach Belem, dort sollten wir auf Reede Ladung für Teneriffa übernehmen. Meinen Affen habe ich morgens an Deck ausgeführt, dort traf ich dann auch die anderen Tierhaltern.

Ich versuchte meinen Affen beizubringen, wenn ich mit den Finger Schnallte, dass er auf meine Schulter hüpft, nach ein paar Tagen klappte es. Zum fressen gab ich ihm, Äpfel, und Bananen, die für uns in der Pantry zum Essen lagen. Die Matrosen hatten die Affen auf oben auf dem Mast mit Futter angelegt und mit einen Netz gefangen. Wie ich von ihnen erfuhr, sucht der Zoo in Teneriffa Affen, die wollten sie den dort verkaufen.

In Belem liefen wir in die Bucht Marago Belem ein und legten uns auf Reede, und warteten auf die Schuten die die Ladung für Teneriffa bringen sollten. Achter an der Reling standen Decksleute die schauten aufs Wasser und zeigten auf einen Gegenstand. Einer sagte mir: »Da schwimmt ein großer Hai, wir wollen versuchen den zu fangen.« Ich sah, dass der Hai unser Schiff immer umrundete, ich schätze ihn auf drei Meter Länge. Das Wasser war so klar, dass man die Pilotfische beim Hai sehen konnte. Einer rief: »Den fangen wir uns!« Er lief zum

Koch, um eine verschließbare Dose zu bekommen. Er gab ihm eine große Kaffeedose, die er als Schwimmer haben wollte. Was er noch brauchte, war einen Fleischharken und ein großes Stück blutiges Fleisch. Das alles bekam er vom Koch.

Inzwischen war der Bootsmann und andere Schaulustige nach achter gekommen, um sich das Schauspiel anzusehen. Jemand besorgte ein langes Tau, band die Kaffeedose daran, die als Schwimmer dienen sollte. Den Fleischerhaken wurde mit einem flexiblen Stahldraht an der Dose befestigt. Sie warfen dann alles über Bord, die Dose hielt das große Fleischstück, sie ging nicht unter.

Das Ende des Taues wurde um eine Ladewinde gelegt. Wir warteten eine halbe Stunde, bis etwas passierte. Der Hai schwamm ein paar Mal an dem Fleisch vorbei, als wenn ihn das nicht interessierte, plötzlich schnappte er zu. Die Dose ging unter, das Tau spannte sich. Der Hai hing am Haken, langsam wurde die Leine mit der Ladewinde eingeholt.

Das Schwierige war, den Hai über die Rehling zu bekommen, nicht dass er sich noch losriss. Aber das klappte, er lag an Deck, er schlug wild um sich, keiner wagte sich in die Nähe des Hais. Bis ein Matrose ihn von dem Leid mit einer großen, schweren Schäkel auf den Kopf schlug, dann lag er ruhig da.

Da lag er nun an Deck, der Bootsmann schickte einen Jungmann zum Koch, er sollte fragen, ob er Hai-Steaks von dem Hai machen könnte. Er sagte: »Da kenne ich mich nicht aus.« Es kamen Vorschläge, die Haiflosse in den Mast zu hängen, weil das Glück bringen würde.

Doch alle Vorschläge brachten nichts. Vielleicht hätte man sich das auch vorher überlegen sollen, bevor man einen Hai fängt. Also schmiss man den Hai wieder über Bord. Er ging gleich unter.

Am nächsten Morgen kamen die Schuten, es wurden Kautschuk Ballen und Stückgut an Bord geladen. Am Abend waren sie damit fertig. Wir holten den Anker ein und fuhren in den Atlantik, nach Teneriffa.

Ab jetzt begann die Heimreise. Während der Fahrt nach Teneriffa, in der 12–4 Uhr–Wache des 3.Offiz.s, hörte er vom Vorschiff vom Kabelgat, dort wo der Sarg lag, laute Klopfgeräusche. Der 3. Offiz. sagte zu seinen mit ihm Wachegehenden Matrosen: »

Das wird doch nicht der Tote sein, der im Kabelgat (Ein Raum, in dem Taue und Farben aufbewahrt werden) liegt. Sehe mal nach, was da los ist.« Er machte die verklemmte Tür auf, vor ihm sah er einen verstört dreinschauenden Hafenarbeiter. Beide gingen zur Brücke zum Wachhabenden, der informierte den Kapitän und sagte ihm: »Wir haben einen Blinden Passagier an Bord, er möchte mal auf die Brücke kommen.«

Nachdem der Kapitän auf der Brücke war, hörten sie sich die Geschichte des Hafenarbeiters an. Er sei mit den Schuten in Belem an Bord gekommen, da er bis morgens gefeiert hatte, war er so müde gewesen, dass seine Kollegen ihm geraten hatten, sich im Kabelgat hinzulegen. Sie würden ihn wieder wecken, wenn sie von Bord gehen, und das hätten sie vergessen. Der Kapitän sagte: »Wir können nicht mehr umdrehen, wir müssen pünktlich in Teneriffa sein.« So musste der Hafenarbeiter bis Teneriffa an Bord bleiben. Wie er danach wieder nach Belem kam, weiß ich nicht.

Der Atlantik zeigte sich von seiner guten Seite, wir hatten schönes Wetter und leichten Seegang. So erreichten wir Teneriffa pünktlich in der Mittagszeit. Nachdem wir festlagen und die Behörden wieder von Bord waren, fragte der Chief unseren Agenten für Teneriffa, ob er den Zoo anrufen könnte, wir hätten mehrere Affen für den Zoo. Am Nachmittag kam ein LKW mit einer großen Aufschrift ZOO auf der Ladeseite und einem Käfig. Er nahm unsere Affen mit.

Im Nachhinein muss ich sagen, das war eine unüberlegte Aktion von mir, sich einen Affen zu kaufen. Ich ging nach dieser Fahrt zur Schule, und nach der Schule würde ich weiter zur See fahren. Wer sollte sich um den Affen kümmern? Ich glaube, im Zoo war der Affe gut aufgehoben.

Nach zwei Tagen liefen wir wieder aus. Unser nächster Hafen war Rotterdam. Wir fuhren weiterhin im Atlantischen Ozean, Richtung Ärmelkanal, von dort nach Rotterdam. Hier in Rotterdam gingen die Schauerleute, die die Paranüsse während der Fahrt um geschaufelt hatten, von Bord.

Unser nächster Hafen war Hamburg. Hier sollen die Paranüsse gelöscht werden. Wir Verließen Rotterdam in der Nacht, und fuhren vom Ärmelkanal in die Nordsee zur Deutschen Bucht. Dort übernahmen wir den Lotsen zum Hamburger Hafen. Den erreichten wir nach fünf Stunden, nachdem wir an der Pier festlagen. Es fuhren

LKWs vor, die mit Landseitigen Kränen unsere Paranüsse übernahmen.

Ich begann die E-Werkstatt, die restlichen Arbeiten zu erledigen und die Werkstatt sauber zu machen, so wie ich sie übernommen hatte. In die Bordkladde trug ich die Arbeiten ein, die ich während der Zeit hier an Bord gemacht habe und welche noch gemacht werden müssen, eventuell von der Werft.

Nach drei Tagen verließen wir Hamburg, unser nächster Hafen war Bremen. Dort angekommen im Europa-Hafen stand der Leichen wagen schon an der Pier, sie holten den Sarg aus der Vorpiek und brachten ihn zum Leichenwagen.

Mein Inspektor, kam an Bord, der wie es sich gehört zuerst zum Chief ging. Anschließend zu mir. Er fragte, ob alles in Ordnung sei. Ich sagte ihm, dass ich für meinen Nachfolger alles aufgeschrieben hätte, bis auf die Arbeiten, die eventuell von der Werft gemacht werden müssten. Das müssten sie entscheiden, sagte ich. Diese Arbeiten habe ich auch mit dem Chief besprochen.

Der Inspektor sagte, dass ich noch bis Rotterdam an Bord bleiben müsse. Dort kommt dann die Ablösung. Die Flugkarte von Rotterdam nach Bremen habe ich für Sie bei mir und gab sie mir. Anschließend werden Sie zum Studium nach Oldenburg gehen. Ich wünsche Ihnen viel Erfolg dort. Anschließend melden Sie sich wieder bei uns.

Ich rief meine Eltern und Freundin an, dass ich wieder in Deutschland bin und erzählte ihnen die neuesten Informationen mit meinem Inspektor.

Nach drei Tagen verließen wir Bremen, unser nächster Hafen war Hamburg. Hier wurde weiteres Stückgut geladen, dieses Mal mit Deckladung. Große Kisten wurden seemäßig verpackt und im Achterschiff an Deck festgezurrt. Auch hier verließen wir nach drei Tagen Hamburg, unser nächster Hafen war Rotterdam. Hier sollte ich abgelöst werden.

Beim Einlaufen im Hafen sah ich den Elektriker an der Pier stehen. Er winkte mir zu. Nachdem er an Bord war, besprachen wir die Arbeiten, die ich während der Reise gemacht habe. Er sagte, die Werftarbeiten seien bekannt, die habe ich schon öfters angesprochen. Meinen Koffer hatte ich schon gepackt, mich von den Kollegen verabschiedet. Ich wünschte dem Elektriker gute Fahrt und verließ die MS Saarstein. Ein Taxi brachte mich zum Flughafen.

Ich hatte drei Wochen Urlaub, dann begann mein Studium am 1. Oktober in Oldenburg. Ich musste mir dort noch ein Zimmer oder eine Wohnung besorgen, was ich für schwierig fand, da es in Oldenburg viele Studenten gab. Jetzt wollte ich mir erstmal ein Auto kaufen.

Mein erster Weg führte mich zu meinem DKW-Geschäft. Dort hatte ich mein Motorrad gekauft. Das wollte ich dort für den Kauf eines Autos in Zahlung geben. Nach langem Suchen nach einem gebrauchten Wagen fand ich einen DKW, 40 PS Zweitakter. Er war wenig gelaufen und gehörte einer älteren Frau, die mit dem Wagen nicht klarkam. Er war ihr zu schnell, sagte der Verkäufer. Ob das nun stimmt, weiß ich nicht. Die Autos fuhren damals mit maximal 40 PS rund 140 km/h.

Nach langen Verhandlungen einigten wir uns. Ich kaufte den Wagen einschließlich einer großen Inspektion. In zwei Tagen könnte ich den Wagen abholen, sagte er.

*Abb. 50 Mein neuer DKW-Wagen.*

Ich fuhr mit dem neuen Auto nach Oldenburg und meldete mich bei der Schule an. Ich hoffte, dass sie mir sagen könnten wie oder wo ich eine Wohnung oder Zimmer mieten könnte. Sie sagten: »Hier in Oldenburg gibt es so viele Studenten. Das wird schwierig werden.« Bei der Suche nach einem Restaurant sah ich an einen Haus eine Tafel am Zaun hängen. Dort stand: ZIMMER ZU VERMIETEN an Studenten.

Ich klingelte an der Haustür, eine ältere Frau machte auf. Meine Frage, ob das Zimmer noch frei wäre, sagte sie ja. Sie zeigte mir das Zimmer, das im Dachgeschoss war, mit Dachschrägen und einem kleinen Fenster. Mit einem Bett und Schrank. Unter dem Fenster stand ein

Schreibtisch mit Stuhl, das war's, aber mir würde das reichen.

Die Schule war nicht weit entfernt, sodass ich zu Fuß dorthin gehen konnte. Die Miete war annehmbar, also mietete ich das Zimmer. Im Nachhinein sagte ich mir, was ich doch für ein Glück gehabt hätte, gerade durch diese Straße zu fahren und das Schild zu sehen und dass das Zimmer noch frei war.

Ich fuhr nach Hause, erzählte meiner Familie, dass ich in der Schule alles klar gemacht hätte und dass ich auch schon ein Zimmer in der Nähe der Schule gefunden hätte.

# MS Bayernstein

Abb. 51 MS Bayernstein

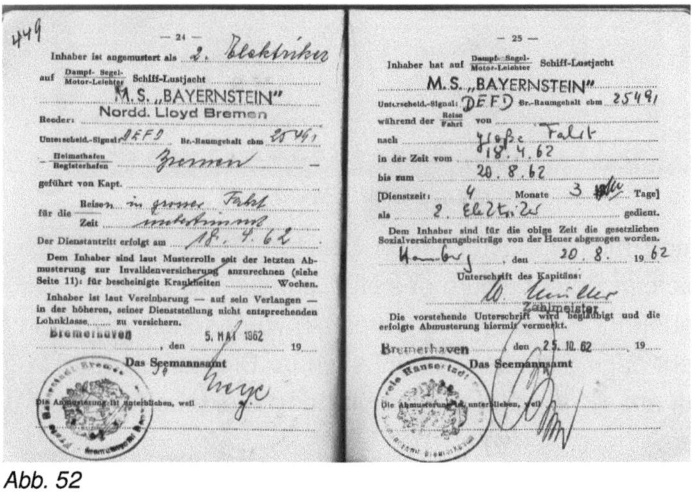

449

— 24 —

Inhaber ist angemustert als 2. Elektriker

auf Dampf- Segel- / Motor-Leichter Schiff-Lustjacht

M.S. „BAYERNSTEIN"

Reeder: Nordd. Lloyd Bremen

Unterscheid.-Signal: DEFD Br.-Raumgehalt cbm 25491

Heimathafen / Registerhafen Bremen

geführt von Kapt.

für die Reisen / Zeit in grosser Fahrt unbestimmt

Der Dienstantritt erfolgt am 18. 4. 62.

Dem Inhaber sind laut Musterrolle seit der letzten Abmusterung zur Invalidenversicherung anzurechnen (siehe Seite 11): für bescheinigte Krankheiten ........ Wochen.

Inhaber ist laut Vereinbarung — auf sein Verlangen — in der höheren, seiner Dienststellung nicht entsprechenden Lohnklasse ........ zu versichern.

Bremerhaven, den 5. MAI 1962 19....

Das Seemannsamt

Die Anmusterung ist unterblieben, weil

— 25 —

Inhaber hat auf Dampf- Segel- / Motor-Leichter Schiff-Lustjacht

M.S. „BAYERNSTEIN"

Unterscheid.-Signal: DEFD Br.-Raumgehalt cbm 25491

während der Reise / Fahrt von

nach große Fahrt

in der Zeit vom 18. 4. 62

bis zum 20. 8. 62

[Dienstzeit: 4 Monate 3 Tage]

als 2. Elektriker gedient.

Dem Inhaber sind für die obige Zeit die gesetzlichen Sozialversicherungsbeiträge von der Heuer abgezogen worden.

Hamburg, den 20. 8. 1962

Unterschrift des Kapitäns:

Zahlmeister

Die vorstehende Unterschrift wird beglaubigt und die erfolgte Abmusterung hiermit vermerkt.

Bremerhaven, den 25. 10. 62 19....

Das Seemannsamt

Die Abmusterung ist unterblieben, weil

Abb. 52

## *MS Bayernstein NDL Bremen*

18.04.1962 – 20.08.1962
2.Elektriker
Ost Asien

Gebaut als Kombischiff, Fracht und Passagiere. 2 Doppelwirkenden 7 Zylinder Diesel Maschinen. Maschinenleistung 10.560 PS Besatzung 90, einschließlich Arzt 87 1.Klasse Passagiere.

Die MS Bayernstein war so bekannt, dass man von ihr von der Deutschen Post eine Briefmarke herausgab.

*Abb. 53 Eine Briefmarke mit der MS Bayernstein*

Nach meiner bestandenen Meisterprüfung meldete ich mich im Personalbüro des NDL zurück. Sie sagten: »Wir haben für Sie die MS Bayernstein vorgesehen, die Fahrt geht nach Ostasien. Sie müssen im Bremer Europa Hafen am 18. April zusteigen und den Elektriker dort ablösen.«

Er gab mir noch einen Zeugschein für eine weiße Uniform mit. »Die werden Sie auf der MS Bayernstein brauchen.« Bis dahin könnten Sie Urlaub machen, das wollte ich auch mit meiner Freundin Brigitte.

Am 18. April stand ich in Bremen am Europa Hafen und wartete auf die MS Bayernstein. Sie sollte laut dem Weser-Kurier um 10 Uhr hier am Schuppen 86 festmachen. Wir hatten Frühlingswetter, die Sonne schien, bei einer Temperatur von 20 Grad, so konnte man das Warten gut aushalten. Es fuhren Autos vor, die ihre Angehörigen und Passagiere abholen wollten. Dann sah ich sie kommen, gezogen von einem Schlepper, der unterstützend im Wendebecken die MS Bayernstein drehte und rückwärts fahrend an die Pier brachte.

Nachdem sie festgelegt hatten und die Gangway heruntergelassen wurde, Verliesen die letzten Passagiere das Schiff. Sie wurden von den an der Pier Wartenden Angehörigen winkend und rufend erwartet.

Ich ging als erstes zum Chief, den traf ich in seiner Kammer an. Ich stellte mich vor, er sagte »Willkommen, gut das du da bist. Der Elektriker wartet schon auf dich.« Ich suchte die Elektriker-Kammer und fand sie im unteren Deck. Nicht wie auf anderen NDL-Schiffen im Oberen 1. Deck.

Der Elektriker war schon landfein angezogen. Seine Koffer standen an der Tür, und man konnte sehen, dass er so schnell wie möglich wegwollte. Nachdem wir uns vorgestellt hatten, sagte er: »Gut, dass du da bist. Lass uns einen Rundgang durch das Schiff machen«. Er zeigte mir die wichtigsten anfälligen Motoren. »Arbeiten, die noch gemacht werden müssen, zu denen sie noch nicht gekommen waren. Ansonsten weiß der E-Assi, der schon in Rotterdam in Urlaub gegangen ist und hier in Bremen wieder an Bord kommt, Bescheid.

In Rotterdam kommt noch ein zweiter E-Assi an Bord. Der fährt als Gast mit, ohne Bezahlung, als Hand gegen Koje. Der Chief sagte, dass er voll mit eingesetzt werden soll. Wir haben ein Kino an Bord. Die Filme müssen von uns nach Absprache mit den Chef-Steward vorgeführt werden. In Singapur treffen wir meistens unser Schwesterschiff, die MS Hessenstein, da können dann die Filme getauscht werden.«

Inzwischen war Mittag geworden. Wir gingen zur Offiziersmesse und trafen unterwegs unseren Kammer-Steward. Der Elektriker sprach ihn an: »Hast du schon meine Kammer sauber gemacht und das Bett neu bezogen?« Er nickte: »Das habe ich schon erledigt«. In der Messe waren wie auf allen NDL-Schiffen die Nautiker mit am Funker, und die Maschinisten saßen an getrennten Tischen.

Er stellte mich den Anwesenden kurz vor und dann setzten wir uns an unseren Tisch. Der Elektriker sagte: »Hier auf der MS Bayernstein haben wir einen Koch für die Mannschaft und sieben Köche für die Passagiere. Unser Koch gibt sich immer viel Mühe, etwas Anständiges zu Kochen. Hoffentlich bleibt er und mustert nicht ab«.

Nach dem Essen sagte der Elektriker, er wolle gehen. Er hätte sich von den Kollegen schon verabschiedet. Wir gingen in seine Kammer. Er wünschte mir eine gute Fahrt, nahm seine Koffer und ging von Bord.

So jetzt war ich der E-Chief und hatte die Verantwortung für die gesamten E-Anlagen auf dem Schiff. Ich räumte meine Kleider in den Schrank ein, zog meine Khaki-Uniform an und ging in den Maschinenraum. Dort waren Werftarbeiter an den Hauptmaschinen am Arbeiten. Ich wollte erstmal zum Funker gehen und mein Seefahrtsbuch und weitere Unterlagen abgeben. Der Funker sagte, »Morgen um 10 Uhr in der Mannschaftsmesse kommt der Amtsarzt, der will uns impfen, komm bitte auch dorthin.«

Am Abend kam der E-Assi. am Bord. Er betrat meine Kammer und meldete sich zurück. Er stellte sich vor: »Ich heiße Karl. »Und ich Claus. Auf gute Zusammenarbeit«, erwiderte ich. Ich sagte ihm auch, dass wir morgen um 10 Uhr in der Mannschaftsmesse geimpft würden.

In der Offiziersmesse am Abend sah ich Horst, meinen Freund von der TS-Moselstein, wieder - was für eine Freude. Er war mit seinem Studium fertig und war jetzt 3. Ing. hier an Bord der MS Bayernstein.

Ich sah, dass immer mehr Passagiere an Bord kamen. Sie wurden vom Chef Steward an der Gangway empfangen, und ihre Gepäckstücke wurden von den Kabinen Steward in ihre Kammern gebracht. Vom 2. Ing. hörte ich, dass wir morgen Mittag auslaufen werden.

Der nächste Hafen soll Rotterdam sein, wo noch Passagiere zusteigen und Ladung aufgenommen werden soll. Außerdem wird unser zweiter E-Assi. dort zusteigen.

Nachdem der Lotse an Bord war, zogen uns zwei Schlepper von der Pier, und ab ging es die Weser hinunter zur Außenweser. Dort verließ uns der Lotse, und wir fuhren in die Nordsee hinein, Richtung Rotterdam. Das Wetter war trübe und kalt, wir hatten einen leichten Seegang. Ich dachte, dass davon sicherlich kein Passagier seekrank werden würde. Der E-Assi. Karl war unten am Maschinentelegrafen, und zum Mittagessen hatte ich ihn abgelöst, damit er essen konnte. Die beiden E-Assis werden sich ab Rotterdam abwechseln.

Rotterdam erreichten wir am frühen Morgen. Das Wetter hatte sich verschlechtert. Es wehte ein kräftiger, kalter Wind und es regnete in Strömen. Das Lotsenboot und die Schlepper warteten schon auf uns. Nach einer Stunde lagen wir fest an der Pier. Die Passagiere warteten schon auf uns.

Nachdem die Gangway unten war, kamen sie an Bord. Sie wurden vom Chief Steward empfangen und vom Kabinen Steward zu ihren Kammern geführt. Auch die Schauerleute löschten mit landseitigen Kränen in den Luken 1 + 2. Hier wurde sogar ein Auto verladen, das einem Passagier gehört.

Unser zweiter E-Assi. kam an Bord und meldete sich bei mir. Er stellte sich vor: »Mein Name ist Bernd Schulz.« Er war noch sehr jung, ich schätzte ihn auf 18 Jahre. Ich fragte ihn, ob er schon beim Chief gewesen wäre, er sagte nein. Wir gingen gemeinsam zum Chief.

Er war in seiner Kammer, ich stellte ihn vor. Der Chief sagte zu ihm: »Willkommen an Bord.« Anschließend gingen wir zur Werkstatt, wo E-Assi. Karl war. Ich sagte: »Unser neuer Kollege ist da.« Er gab Karl die Hand und sagte: »Mein Name ist Bernd.« Ich sagte zum Karl zeige ihm seine Kammer, und anschließend gehe mit ihm zum

Funker, um seine Unterlagen abzugeben. Danach hatte er Zeit, in seiner Kammer seine Sachen einzuräumen.

Am nächsten Tag zur Mittagszeit liefen wir aus. Das Wetter hatte sich nicht verändert. Es wehte ein kräftiger Wind, und es war diesig. Nachdem der Lotse von Bord gegangen war, liefen wir in den Ärmelkanal ein. Die Sicht wurde nicht besser. Wir hatten hier ein hohes Verkehrsaufkommen der Schiffe und schlecht Sicht. Also fuhren wir mit unserem Hauptmaschinen nur halbe Kraft.

In der Biskaya wurden der Wind und der Wellengang noch stärker. Das Änderte sich erst als wir in die Straße von Gibraltar einliefen zum Mittelmeer. Das Mittelmeer empfing uns mit schönen Wetter und leichtem Seegang. Die Passagiere sonnten sich in den Liegestühlen. Verwöhnt wurden sie von den Stewards mit kühlen Getränken.

Der Chief Steward sprach mich an, wir sollten heute Abend einen Film vorführen. »Ich werde einen Aushang am Schwarzen Brett machen, den Filmtitel musst du mir noch nennen. Beginn nach dem Essen um 21 Uhr.« Ich besprach das mit meinen Assis. Sie sollten Filmprojektor und Leinwand prüfen, einen deutschsprachigen Film nehmen und Probelaufen lassen, damit am Abend alles klar ging.

Der Filmabend war gut gelaufen. Es war ein lustiger Film, und es wurde viel gelacht. Also war das der richtige Film für unsere Passagiere gewesen.

Ich besprach mit meinen Assistenten jeden Tag, meistens nach den Frühstück, die Arbeiten, die sie zu machen hatten oder welche noch zu erledigen waren. Sind das größere Arbeiten wie bei einem E-Motor, der Überholt werden muss, weil die Kugellager defekt sind, war ich bei den Arbeiten dabei. Ich zeige ihnen dann wie, man sie erneuert und wie man den Kollektor an der Drehbank abdreht. Aber das kommt selten vor.

Weiterhin macht E-Assi. Karl jeden Tag seine Runde durchs Schiff. Meine Aufgabe war mich um die Passagiere zu kümmern, dort gab es ständig Arbeiten zu erledigen. Angefangen von den defekten Glühbirnen auswechseln. Diese gehen durch die Vibration des Schiffes, der Glühfaden schneller kaputt.

Die meisten Fragen waren, warum geht mein Gerät, dass ich von zu Hause mitgenommen habe hier an Bord nicht. Dann muss ich ihnen sagen das hier auf den Schiff, kein Wechselstrom gibt. Sondern nur Gleichstrom, da laufen Wechselstrom Geräte nicht mit. Am meisten haben die Herren da unter zu leiden, wenn sie sich Rasieren wollen. Wenn sie keinen Rasierer haben der für Wechsel und Gleichstrom lief. (Wie ein Philipps Rasierer der ist für beide Spannungen). Oder sie wollen sich nur Unterhalten.

In Rotterdam stieg eine junge Frau mit ihren Säugling zu. Sie hatte für die Reise Muttermilch mitgebracht, die sie in der Küche im Kühlschrank aufbewahrte. Je nach Bedarf, machte ihr die Küche eine Flasche für den Säugling warm. Eines Morgens gab es in der Küche Geschrei und Aufregung.

Die Muttermilch war verschwunden. Irgendjemand musste sie ausgetrunken haben, nicht wissend, dass das Muttermilch war. Jeder in der Küche beteuerte damit nichts zu tun zu haben. Aber sie war weg. Der Chief Steward rief den Schiffarzt und die junge Frau an.

In der Küche beratschlagten sie, was sie jetzt dem Säugling geben sollten. Der Schiffarzt sagte: »Ich werde mich schlau machen, welche Alternativen es gibt. Ich sage Ihnen dann Bescheid.« Er fand eine Alternative mit normaler Kuhmilch und alle waren wieder zufrieden. Den Muttermilchtrinker hat man auch anschließend nicht gefunden.

Die Bucht von Genua erreichten wir am frühen Morgen. Nahe der Einfahrt zum Hafen legten wir uns auf Reede und warteten auf den Lotsen. Eine halbe Stunde später kam das Lotsenschiff, gefolgt von zwei Scheppern. Eine Stunde danach lagen wir fest an der Pier. Dort warteten schon die Passagiere auf die MS Bayernstein. Das waren die letzten Passagiere, die noch zusteigen sollten, um nach Ostasien zu reisen.

Nach dem Frühstück gingen viele Passagiere in die Stadt, um unter anderem einen Rasierapparat zu kaufen, der für Wechsel- und Gleichstrom geeignet ist. Nach Rücksprache mit dem 3. Offiz. liefen wir morgen Abend wieder aus nach Port Said.

Der Lotse kam um 17 Uhr an Bord. Eine halbe Stunde später legten wir ab. Eine weitere Stunde später verließ er uns in der Bucht von Genua wieder. Das Wetter war weiterhin gut, die Sonne schien, wir hatten leichten Seegang. Nach dem Frühstück der Passagiere war das Passagierdeck mit sonnenhungrigen Passagieren belegt. Die Stewards hatten viel zu tun, sie mit Getränken zu versorgen.

Port Said erreichten wir am frühen Morgen. Wir legten uns auf Reede und warteten auf den Lotsen, der uns in den Konvoi einteilen und uns anschließend durch den Suezkanal führen sollte. Auch hier kamen die Händler mit ihren kleinen Booten längsseits zu unserem Schiff, um ihre Waren zu verkaufen. Auch hörte ich wieder den Schlachtruf, den ich auch auf den anderen NDL-Schiffen gehört hatte: »Alte Hose gegen neue Hose.«

Kurze Zeit später kam der Lotse. Wir holten den Anker auf und reihten uns in den Konvoi ein. Der Wach-Offiz. sagte mir, wir bräuchten keinen Scheinwerfer. »Wir fahren bei Tageslicht durch den Suezkanal.«

*Abb. 53 Einfahrt in den Suezkanal bei Port Said*

Die Fahrt im Suezkanal bot rechts und links wie bekannt nur Wüstenlandschaft.

Am Abend erreichten wir Suez, wo uns der Lotse verließ. Wir fuhren weiter ins Rote Meer, wo uns wieder die bekannte Hitze empfing. An Deck hielten wir uns nach Möglichkeit nur im Schatten auf.

An Deck begannen wir damit, die Schalteinheiten von den Winden zu überholen. Diese Arbeit musste ich auf allen NDL- Schiffen, auf denen ich gefahren bin, immer machen. Daher war es für mich eine reine Routinearbeit. Ich nahm mir die Winden im Vorschiff und Karl mit Bernd die im Achterschiff vor. Karl fuhr schon seit zwei Jahren als E-Assi. auf NDL-Schiffen und kannte sich daher ebenfalls mit den Winden aus.

Unser Schiffsarzt teilte beim Frühstück mit, dass in Singapur eine Epidemie ausgebrochen sei und die Besatzung geimpft werden müsse. Der Treffpunkt war am nächsten Tag um 10 Uhr in der Mannschaftsmesse. Ich war pünktlich da und reihte mich in die Warteschlange ein.

Vorne an den Bullaugen hatte der Arzt einen Tisch aufgestellt, auf dem diverse Ampullen und Spritzen lagen. Der 3. Offiz. half ihm dabei, die Spritzen aufzuziehen. Die Spritzen wurden, wie ich sah, unter dem rechten Schlüsselbein in den Muskel gespritzt. Man hörte öfter einen plötzlichen Aufschrei oder ein Stöhnen von den Geimpften.

Die Schlange hinter mir wurde immer kleiner. Plötzlich hatte man noch wichtige Arbeiten zu erledigen. Vor mir war ein kräftiger Matrose mit starken Muskeln dran. Als der Arzt ihm die Spritze setzte, verbog sich die Nadel beim Einstechen in die Muskel. Er wechselte die Nadel und unternahm einen neuen Versuch. Auch diese Nadel verbog sich, und schließlich nahm er eine dicke, starke

Nadel, damit klappte es dann. Nun war ich dran. Als die Nadel in meinen Muskel stach, war das schon schmerzhaft. Der Arzt sagte zu mir: »In zwei Tagen kommt die nächste Spritze, denken Sie daran.« Ich dachte, dass ich mir das noch überlegen werde.

Während der Zeit auf See mussten die Passagiere unterhalten werden. Da überwiegend Frauen an Bord waren ich schätze, etwa 60 Frauen und 20 Männer – wollten sie sich auch mit Männern unterhalten und tanzen. Sie machten dem Kapitän den Vorschlag, Offiz. zu den Veranstaltungen einzuladen. Er sagte zu.

Unser Chief sprach uns an: »Heute Abend sind wir bei dem bayrischen Fest eingeladen. Getränke sind frei. Wascht euch die Ohren und zieht eure weiße Uniform an.« Horst hatte die 8–12 Uhr–Wache und konnte leider nicht daran teilnehmen.

Meine weiße und blaue Ausgehuniform wurde in Bremen von dem Geschäft »Von der Aa« gefertigt. Von der Aa war ein Kunde meines Vaters, der als selbstständiger Steuerberater in Bremen tätig war. Als er hörte, dass meine Uniformen dort genäht werden sorgte er dafür, dass ein hochwertiger Stoff, der nur für Kapitäne genommen wird, auch bei meiner Uniform genommen wird. Beide Uniformen, die weiße und die blaue, sitzen wie angegossen. Ich musste zweimal zur Anprobe kommen.

Wir trafen uns um 21 Uhr im Ballsaal, hatte unser Chief gesagt. Ich war pünktlich da. Im Saal war eine große Theke aufgebaut. Seitlich entlang der Fenster standen Tische mit je zwei oder vier Stühlen. Neben der Theke stand der Plattenspieler, auf einem Tisch, der von einem jungen Steward bedient wurde.

Ich setzte mich an die Theke und bestellte mir ein kühles Bier. Es setzte sich zu mir eine junge Dame, sie fragte: »Darf ich?« Ich sagte gerne und fragte, was sie trinken möchte. Sie sagte »einen Obstler«. Sie erzählte mir, dass sie bis Kobe Japan mitfährt und ihr Mann bereits vor Wochen mit dem Flugzeug nach Kobe geflogen ist.

Inzwischen wurden die Stimmung und der Lärm immer lauter und ausgelassener. Es wurde viel getanzt, unser 2. Ing. hatte eine junge Frau kennen gelernt. Man merkte, dass sie sich mochten. Bei einem Tango passierte es: Ihre Beine verhakten sich, sie kamen ins Straucheln. Zuerst fiel sie hin, dann er auf sie drauf. Seine Ellbogen drückten sich in ihre Brust. Wie man später feststellte, war eine Rippe angebrochen. Die Stimmung kippte, keiner wollte mehr tanzen. Der Chief sagte: »Lasst uns gehen.«

Der Kapitän sagte: »Wenn ihr euch nicht benehmen könnt, gibt es keine Feier mehr mit den Passagieren.« Das nächste Fest wurde dann ohne uns abgehalten. Das war den Passagierrinnen aber zu langweilig. Sie sprachen mit dem Kapitän uns wieder einzuladen. Er sagte zu, mit der Mahnung an uns, mit dem Alkohol uns zurückzuhalten. Unsere nächste Feier war ein Winzerfest. Hier passierte nicht viel, da die meisten keinen Wein mochten, aber es ging trotzdem fröhlich zu.

In der Nacht erreichten wir den Golf von Aden. Von dort aus ging es weiter in den Indischen Ozean. Dann war es endlich soweit, wir näherten uns dem Äquator. Die

Decksleute bauten zwischen der Luke und dem Windenhaus ein Wasserbecken. Das füllten sie mit Seewasser. Auf der Luke wurden Stühle für Neptun und seine Frau aufgestellt, das Gleiche auch auf dem Passagierdeck, damit die Passagiere bequem die Taufe verfolgen konnten.

Auf dem Deck nahe dem Wasserbecken wurde ein Windsack hingelegt, der normalerweise dazu diente, die Luken mit Frischluft zu versorgen. Dieser wurde wellenförmig ausgelegt. Der tiefe Teil wurde mit Wasser gefüllt, durch den die Täuflinge später kriechen mussten. Die Küche hatte ein Getränk aus Salzwasser und Salzheringsbrühe gebraut, dass die Täuflinge als Schnaps bekommen sollten. Davon bekam man einen Würgereiz, sodass man es gleich wieder ausspuckte oder sich übergab.

Zwei Passagiere wollten die Taufe mitmachen. Der Kapitän erklärte ihnen, was auf sie zukommt, wollte jedoch keine Garantie übernehmen, wenn etwas passieren sollte. Sie wollten trotzdem mitmachen und zogen sich einen Badeanzug an, um auf das weitere Geschehen zu warten.

Mit viel Getöse kam Neptun mit seinem Gefolge, bestehend aus dem Bootsmann als Neptun und dem 3. Offiz. als seine Frau (woher sie die Perücke herhatten, weiß ich auch nicht). Einer hatte sich eine Teufelsgeige gebaut, die er lautstark zum Klingen brachte. Die Weggefährten sahen gefährlich aus. Horst war als Gefolgsmann von Neptun verkleidet und ich war der Friseur.

Die Täuflinge wurden zusammengetrieben und mussten sich dann der Reihe nach aufstellen, einschließlich der beiden Passagiere. Alle waren in Badehosen gekleidet.

Der Neptun hielt eine kleine Rede, danach lief es wie folgt ab: Der erste Täufling bekam das vom Koch angesetzte Getränk, das ihm so schlecht geschmeckt haben musste, dass er es in hohen Bogen wieder ausspuckte. Zum Mund ausspülen bekam er Salzwasser. Als nächstes musste er sich rücklings auf einem Hocker zum Wasserbecken setzen.

Dort wurde er vom Friseur – dafür war ich zuständig – mit einem Eimer, der mit Seewasser und einer schwarzen Farbe in die Seifenlauge gefüllt war, mit einem Handfeger den Kopf eingeseift. Die Lauge war so scharf, dass der Kopf brannte.

Dann schubste ich ihn rückwärts ins Wasserbecken. Dort wurde er von zwei sich dunkel gefärbten Personen übernommen, da er ein Besatzungsmitglied war, tauchten sie ihn so lange unter, bis er bei der Frage, wie viele Kisten Bier er freiwillig ausgeben wollte, wenn es bei einer Kiste blieb, wurde er wieder untergetaucht, solange bis er zwei Kisten sagte, die er auf einem Ticket quittieren musste.

Anschließend musste er in den Windsack, in den abgesenkten Teil musste er durchtauchen. Drückte er sein Hinterteil nach oben, so wurde mit einem dünnen Brett darauf geschlagen, sodass er es schnell wieder einzog. Wenn er auf der anderen Seite herauskam, musste er erstmal gestützt werden. Sein erster Weg führte zur Dusche. Bei den beiden Passagieren versuchten wir, den

Windsackweg aus zu lassen, aber eine der beiden bestand darauf. Als sie anschließend auf der anderen Seite erschöpft herauskam, klatschten die Passagiere und die Mannschaft.

Am Abend traf man sich auf dem Achterdeck, da wurden die erbeuteten Biere getrunken. Die Küche brachte uns Brötchen und Würstchen. Die beiden getauften Passagiere kamen kurz vorbei, tranken ein Bier mit uns und gingen dann zurück zum Passagierdeck. Das wurde ein fröhlicher Abend, die andere Passagiere feierten auf dem Passagierdeck bis spät in die Nacht hinein.

*App. 54*

*Abb. 55 Meine Aufgabe war es bei der Taufe die Täuflinge zu frisieren.*

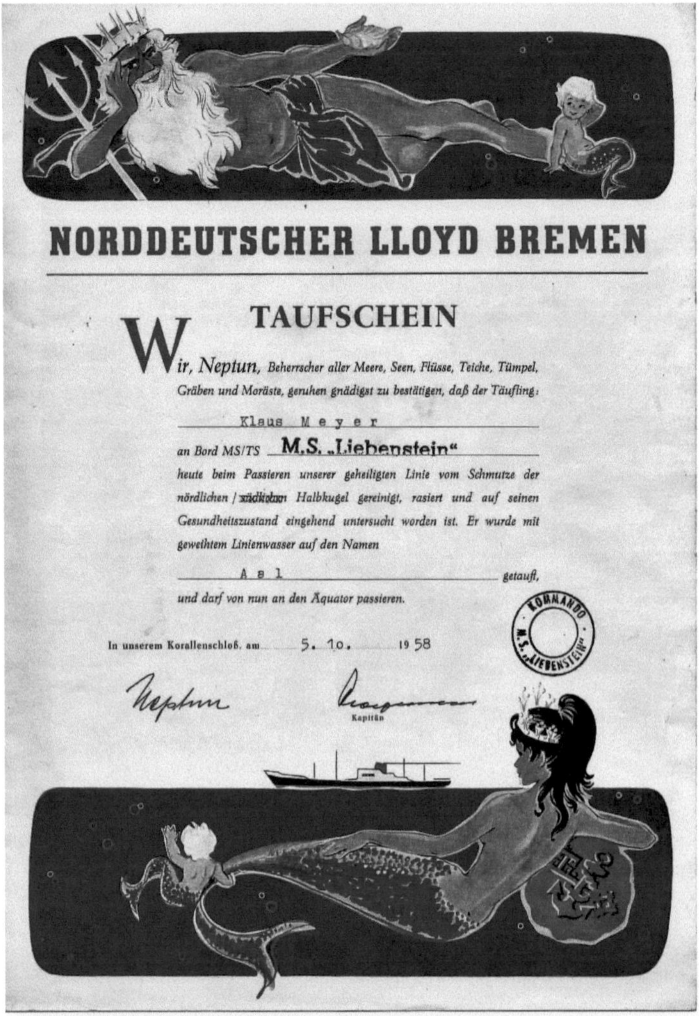

NORDDEUTSCHER LLOYD BREMEN

TAUFSCHEIN

Wir, Neptun, *Beherrscher aller Meere, Seen, Flüsse, Teiche, Tümpel, Gräben und Moräste, geruhen gnädigst zu bestätigen, daß der Täufling:*

Klaus Meyer

*an Bord MS/TS* M.S. „Liebenstein"

*heute beim Passieren unserer geheiligten Linie vom Schmutze der nördlichen / ~~südlichen~~ Halbkugel gereinigt, rasiert und auf seinen Gesundheitszustand eingehend untersucht worden ist. Er wurde mit geweihtem Linienwasser auf den Namen*

Asl *getauft,*

*und darf von nun an den Äquator passieren.*

In unserem Korallenschloß, am 5. 10. 1958

Neptun

Kapitän



*Abb. 56 Wer seinen Taufschein nicht dabei hatte, wurde noch mal getauft. Wer will das schon?*

Am nächsten Morgen erreichten wir Singapur, (Singapur heißt 'Stadt der Löwen'). Wir legten uns auf Reede und warteten auf den Lotsen, der nach zwei Stunden kam. Wir fuhren in den Hafen und die Schlepper drückten uns an den für uns vorgesehenen Platz an die Pier. Nachdem die Hafenbehörde wieder von Bord war, kamen die Schauerleute an Bord und begannen mit den Löscharbeiten mithilfe landseitiger Kräne.

An der Pier stand ein Bus für unsere Passagiere bereit. Für sie war eine Rundreise in Singapur und Umgebung vorgesehen.

Ich hatte für heute Abend meinen Obligatorischen Besuch auf den Singapurer Markt vorgesehen. Die Suppe die es dort gab bei einer älteren Frau war einfach super. Die hatten Horst und ich als wir mit der TS- Moselstein fuhren, kennen gelernt. Ich fragte Horst, ob er zum Markt mitkommen wollte. Er sagte: »Willst du wieder zum Markt zu der Frau mit der tollen Suppe? Ich nickte. »Ich komme mit«, sagte er. Ich sagte meinen E-Assis. Das ich kurz an Land gehe, danach und Morgen könnten sie an Land gehen.

Ich meldete mich beim Chief ab und sagte, die beiden E-Assis bleiben an Bord. »Das ist in Ordnung,«, antwortete er. »Viel Spaß«. Vom Funker holten Horst und ich uns einen Landgangsausweis und Geld und dann ging es zum Markt. Wir nahmen ein Taxi und als wir ankamen, suchte ich den kleinen Stand auf, an dem der Suppentopf über einem Holzfeuer brutzelte.

Ich hoffte, dass er noch da war. Wir fanden ihn und alles war noch so, wie wir es von damals kannten. Während wir die Suppe aßen, sagte Horst: »Ich möchte nicht wissen, was da alles drin ist, aber sie schmeckt noch genauso gut wie damals.«

Anschließend besuchten wir noch eine Bar, um unsere Kehlen zu befeuchten, und kehrten dann zurück an Bord. Ich sagte Karl und Bernd, dass sie jetzt an Land gehen könnten, während ich an Bord bleiben würde. Das wollten sie und in kürzester Zeit waren sie verschwunden. Ich ging in die E-Werkstatt, um eventuelle Reparaturen zu erledigen. Aber das war nicht nötig, die Reparaturen waren alle erledigt und die Werkstatt war aufgeräumt und ausgefegt.

Nach zwei Tagen liefen wir wieder aus, in das Südchinesische Meer zu den Philippinen nach Manila. Während der Fahrt dorthin fiel die Rudermaschine aus. Wir waren gerade beim Frühstück, als ein Matrose in unsere Messe gestürmt kam und rief: »Die Rudermaschine ist ausgefallen!« Ich sprang auf und eilte zur Rudermaschine. Dort war der 2. Ing. schon und unterhielt sich mit der Brücke über die Gegensprechanlage. Ich hörte noch, dass die Brücke sagte, wir müssen die Maschinen abstellen, wir laufen aus dem Kurs. Ich sah unter einem Ventil eine Pfütze mit Öl.

Ich sagte: »Dort ist das Leck!« und zeigte auf den Ölfleck. Wir zogen die Muttern nach, das Tropfen war weg. Der 2.Offiz. sagte: »Im Hafen müssen wir uns das dann genauer ansehen. Eventuell Öl nachfüllen oder eine neue Dichtung einsetzen.« Wir riefen die Brücke an und baten sie, die Ruderanlage durchzuprobieren. Sie legte das Ruder von hart Bb. nach hart Steuerbord und zurück. Sie sagten: »Alles wieder in Ordnung!« Die Passagiere merkten, dass auf hoher See der Motor nicht mehr lief und liefen auf das Passagierdeck. Sie fragten den Kapitän, ob das ein Manöver sei. Der sagte nur: »Eine Kontrolle, um sie nicht zu beunruhigen.« Kurze Zeit später liefen die Maschinen wieder. Beruhigt gingen sie zurück zum Frühstück.

Der Koch sprach mich an. Beim Bäcker war die Sicherung von der Knetmaschine herausgefallen. Ich wollte mir das ansehen. Ich stellte fest, dass sie überlastet wurde. Ich sagte ihm, er solle nicht so viel Knetteig in die Maschine geben. Ich fragte den Koch: »Hier riecht es so gut. Was bereiten Sie für die Passagiere vor?« Er sagte: »Für heute Abend bereiten wir Täubchen vor und für morgen Froschschenkel.«

Mitten in der Nacht erreichten wir die Bucht von Manila (Manila heißt der duftete Hafen). Wir legten uns auf Reede und warteten auf den Lotsen. Im Hafen sah man schon das Lotsenschiff und die Schlepper, die auf uns zukamen. Eine Stunde später lagen wir fest an der Pier. Nachdem der Lotse und die Behörde von Bord waren, kamen die Schauerleute an Bord. Sie löschten mit landseitigen Kränen parallel an den vorderen und den achtern Luken. Der 2. Offiz. sagte mir: »Wir bleiben nur bis morgen hier. Wir müssen pünktlich in Hongkong ankommen.«

Für die Passagiere stand nach dem Frühstück wieder ein Bus für eine Rundfahrt durch Manila und Umgebung bereit. Ich sagte meinen E-Assis, dass sie an Land gehen könnten, das wollten sie auch. Am nächsten Tag verließen wir Manila. Wir fuhren weiterhin im Südchinesischen Meer nach Hongkong.

Die Einfahrt nach Hongkong zum Hafen Kowloon ist eine der schönsten Fahrten, die ich kenne. Ich konnte das jetzt genießen, weil meine E-Assis an dem Maschinentelegrafen sich ablösten. Wir fuhren vorbei an kleinen Inseln. Ich sah die Landebahn vom Flughafen, die bis ans Wasser führte. Uns kamen große und kleine Dschunken entgegen, die fischten oder Ladung transportierten. Die großen Dschunken segelten mit roten Segeln an uns vorbei. Es war ein tolles Bild.

Nachdem wir in Kowloon festlagen, war für die ersten Passagiere die Reise zu Ende. Sie wurden von ihren Angehörigen auf der Pier erwartet. Auch der mitgebrachte PKW wurde hier entladen.

Kowloon liegt Hongkong gegenüber auf einer Halbinsel. In Hongkong gibt es keinen Hafen für Seeschiffe, nur für die Fähren und Fischerboote. Auch ein Scheider stand auf der Pier, der war hier auf der MS Bayernstein schon bekannt, er nähte für die Mannschaft Hosen und Anzüge.

Ich brauchte weiße und Khaki-Uniformhemden sowie Khakihosen. Die sollte er mir fertigen. Ich gab ihm ein weißes Uniformhemd mit. Dann brauchte er die nicht mehr ausmessen, und er sah die Qualität des Stoffes sowie welche weiße Farbe die Hemden benötigen. Ich wusste, bei unserer Heimreise liefen wir Hongkong wieder an.

Bis dahin hatte er alles fertig genäht. Ich sagte meinen E-Assis, sie könnten an Land gehen. Ich würde in Japan

Tagesreisen machen. Dann müsste Karl an Bord bleiben. Er war damit einverstanden.

Am nächsten Tag zur Mittagszeit liefen wir aus nach Kobe, Japan. Das Wetter hatte sich verschlechtert. Es regnete und stürmte. Wir hatten hohen Seegang. Ich dachte, so empfängt uns Japan, das Land voll mit Mythen und Sagen. Ich freute mich auf Japan. Dort wollte ich, wenn es möglich ist, mir Städte und Landschaften ansehen und Leute kennenlernen. Nach zwei Tagen verließen wir das Südchinesische Meer, überquerten den nördlichen Wendekreis und fuhren in den Pazifischen Ozean ein.

Das Wetter war auch hier noch kalt und stürmisch. Spät in der Nacht erreichten wir die Bucht von Kobe an der Insel Honshu. Der Lotse kam uns schon entgegen. Eine Stunde später lagen wir fest im Hafen. Ich duschte mich und legte mich in meine Koje.

Am frühen Morgen wurde ich geweckt von dem emsigen Treiben der Schauerleute. Laute Schreie und Kommandos drangen in meine Kammer. Ein Blick auf meine Uhr sagte mir, es ist zum Frühstücken noch zu früh, ich konnte mich nochmal umdrehen. Beim Frühstück sagte ich zu Karl: »Es wird landseitig mit den Kränen gelöscht und beladen, da gibt es für uns wenig zu tun.«

»Ich gehe an Land.« Horst, der neben uns saß, hörte das. »Ich komme mit. Ich wollte mir schon immer den Ikuta Schrein in Kobe ansehen.« Horst und ich gingen zum Funker, holten uns Geld und einen Landgangsausweis. Bepackt mit meinem Fotoapparat gingen wir zum Chief und meldeten uns ab.

Am Hafenausgang nahmen wir uns ein Taxi. Den Fahrer nannten wir unser Ziel und los ging es zum Torii-Schrein. Unterwegs im Taxi sagte Horst: »Kobe ist um den Schrein herum gebaut worden, das habe ich im Reiseführer gelesen.« Ich war gespannt, was da auf mich zukam. Kurze Zeit später erreichten wir den Schrein. Vorne im Eingangsbereich stand das japanische Torii-Holztor. Rechts und links vom Tor waren Schautafeln.

*Abb. 57 Kobe Ikuta Schrein (Gebetshalle)*

Dort waren auf Japanisch und Englisch Informationen über den Schrein beschrieben. Wir gingen geradewegs auf den Schrein zu, aber als wir dort ankamen, stellten wir fest, dass er von innen nicht besichtigt werden konnte, da er geschlossen war. Wir besichtigten den großen Park und nach einer Stunde hatten wir ihn durchquert. Horst schlug vor, dass wir in die Stadt gehen und ein schönes Restaurant zum Essen finden sollten. Die Straßen waren eng und voller schaulustiger Japaner und Touristen. Wir konnten jedoch kein Restaurant finden, das unseren Vorstellungen entsprach, da alle Schilder auf Japanisch geschrieben waren und wir nicht wussten, wie man das Wort 'Restaurant' auf Japanisch schreibt. Ich schlug Horst vor, dass wir in Zukunft jemanden mitnehmen sollten, der sich hier auskennt. Wir riefen ein Taxi und fuhren zurück zum Schiff.

Als wir an Bord ankamen, zog ich mich um und ging in die Messe, um mir eine Tasse Kaffee zu holen. Kaffee war rund um die Uhr verfügbar, dafür sorgte unser Messe-Steward. Dort gab es auch einen Händler, der sein Porzellan ausstellte, darunter Teetassen und Teller.

Der Händler sprach gebrochenes Deutsch und erklärte, dass alle Teile handbemalt und somit einzigartig seien. Ich betrachtete eine Tasse, die hauchdünn war und durch die man den Tee sehen konnte.

Sie war in den Farben Schwarz, Hellblau und Braun mit Japanischen Motiven mit goldenen Rand verziert. Ich bestellte bei ihm Tassen mit den dazugehörigen Tellern in verschiedenen Farben als Muster für meine Familie in Bremen. Sie sollten sich je nach Farbe ein Teegeschirr aussuchen können, das ich bei meiner nächsten Fahrt hierher bestellen und mitbringen könnte. Diese Muster der Teegeschirre habe ich heute noch in unserem Schrank stehen. Der Händler versprach mir, die Muster bei unserer Rückreise in Kobe seemäßig verpackt zu übergeben.

Am nächsten Tag liefen wir aus und fuhren nach Yokohama. Das Wetter hatte sich noch nicht geändert; es regnete leicht und der Wind war noch stark. Da wir im Schutz der Inseln fuhren, waren die Wellen nicht ganz so hoch.

Wir wurden richtig durchgeschüttelt. Sicherlich sind viele Passagiere seekrank geworden, aber dafür hatten wir ja unseren Schiffsarzt. Je näher wir der Insel Honshu kamen, nahm der Wind ab und die Sonne kam durch. Nach zwei Tagen erreichten wir Yokohama.

Der Lotse und die Schlepper warteten bereits auf uns, sodass wir zügig in den Hafen an die Pier fahren konnten. Vorgesehen sind drei Tage Liegezeit in Yokohama, von wo aus es dann wieder zurück nach Kobe gehen soll. Nachdem die Behörden von Bord waren, verließen uns auch die letzten Passagiere.

Auf der Insel Honshu liegen große Städte wie Tokio, Kobe und Yokohama. Die Insel ist schmal und langgezogen und liegt zwischen dem Japanischen Meer und dem Pazifischen Ozean. Yokohama ist die zweitgrößte Stadt Japans und eine der schönsten Städte Japans. Sie liegt an der Südostküste von Honshu und direkt am Meeresufer. Tokio ist 30 km von Yokohama entfernt und mit der Bahn schnell zu erreichen.

Ich hatte mit dem Chief besprochen, dass ich mir in Kamakura den Bronze Buddha ansehen wollte und die beiden E-Assis an Bord bleiben sollten. Er sagte »Alles klar, viel Spaß«. Unterwegs traf ich den 3. Ing. Horst und erzählte ihm von meinen Plänen. Er wollte auch mitkommen, also wartete ich auf ihn.

Ich ging zum Funker, holte mir einen Landgangsausweis und japanisches YEN-Geld. Ich sagte zu E-Assi. Karl, dass ich am Abend zurück sein werde. Dann ging ich in meine Kabine, zog mich um, schnappte mir meine Kamera und ging zur Gangway. Kurz darauf kam Horst.

Wir fuhren mit dem Taxi zum Hauptbahnhof und kauften uns eine Karte zur JR Kamakura Station. Im Buchladen des Bahnhofs besorgte ich mir Unterlagen zum Bronze Buddha. Kurz darauf kam auch schon der Zug, ein moderner Schnellzug.

Das Abteil war ebenfalls modern eingerichtet, mit großen Fenstern und bequemen Sitzbänken. Ich sagte zu Horst: »Ich habe mir auf Deutsch Unterlagen zum Bronze Buddha besorgt. Ich lese dir mal vor, was dasteht.« Kamakura ist eines der am meisten besuchten Ausflugsziele in Japan und leicht mit dem Zug von Tokio oder Yokohama zu erreichen. Sehenswert ist der Bronze Buddha, der innen hohl ist und begehbar. Aus den Augen kann man hinausschauen. Außerdem sollte man sich den Tempel Hasedera ansehen.

*Abb. 58 Hasedera Tempel*

Zur Erholung gibt es einen großen Park am Tempel mit blühenden Bäumen und Sträuchern.

Wir fuhren an Städten und Dörfern vorbei, die ineinander übergingen. Die meisten Häuser waren aus Holz gebaut, aufgrund der Erdbeben, die in Japan immer wieder auftreten. Nach einer halben Stunde erreichten wir die JR Kamakura Station. Viele Menschen stiegen aus dem Zug aus, einige Frauen trugen einen Kimono, der schön anzusehen war. Der Ausflug war für sie sicher auch etwas Besonderes. vielleicht besuchten sie auch den Tempel Hasedera, um zu beten.

Große Schilder zeigten uns den Weg zum Bronze Buddha. Von weiten konnte man den Buddha schon sehen. Es waren viele Menschen dort und bestaunten ihn. Wie ich gelesen hatte ist er sitzend 12 Meter hoch. Ich wollte in den Buddha, ihn von innen sehen und aus den Augen sehen. Der Eintritt kostete ein paar YEN. Ich stieg die Metalleiter hinauf in den Kopf, viel sah man durch die Augen nicht, es waren eben Schlitzaugen, da ist die Öffnung nicht so groß.

Inzwischen war es Mittag geworden, Horst sagte las uns ein Restaurant suchen. Wir gingen wieder zurück zum Bahnhof, dort fanden wir eins.

Draußen im Fenster standen in Schüssel und Tellern die Speisen die sie hatten, alle Nummeriert. Ich suchte mir die die Nr. 3 aus, die Speise sah nach Weißkohl aus, in der Mitte mit einen Fleischklos. Wir fanden am Fenster noch einen Platz.

Die Bedienung fragte uns auf Englisch welche Nr. wir uns ausgesucht hätte. Nachdem wir ihr die Nr. gesagt hatten, brachte sie uns eine Tasse Tee, und Stäbchen für unser Essen, Horst und ich sahen uns an, sie merkte das wir mit nicht damit umgehen konnten, und brachte uns Messer und Gabel. Das bestellte Essen, Weißkohl mit einem Fleischkloß, schmeckte nicht danach. Nachdem ich fertig mit meinem Essen war, fragte mich ein Engländer, der am Nachbartisch saß, ob ich wüsste, was ich da esse. Ich sagte »Weißkohl“, er lachte. Das war eine Qualle, in der Mitte des Kloßes war der Magen.

Zum Nachspülen brauchte ich jetzt ein großes Bier. Das bestellte ich bei der Bedienung. Sie sagte freundlich: »Hier gibt es nur Tee.« Ich dachte mir, andere Länder, andere Sitten. Horst sagte: »Lasst uns zum Hasedera Tempel gehen. Vielleicht finden wir unterwegs eine Gaststätte, wo wir ein Bier trinken können.« Ich kann jetzt schon sagen, dass wir keins fanden. Wir besichtigten den Tempel, gingen anschließend durch den schönen blühenden Garten und folgten dann den vielen Menschen zum Bahnhof.

In Yokohama Hauptbahnhof angekommen, sagte ich zu Horst: »Bevor wir an Bord gehen, lasst uns noch in eine Bar gehen und ein Bier trinken.« Er meinte, das sei eine gute Idee. Wir setzten uns an die Bar und bestellten uns einen Reisschnaps. Das Trinkgefäß war einem Huhn nachgebildet. Oben war es offen, da schüttete der Barkeeper den Reisschnaps hinein. Ich setzte den Schnabel an den Mund und trank, dabei pfiff das Huhn. So etwas hatte ich noch nie gesehen - eine tolle Erfindung. Anschließend tranken wir noch ein Bier und gingen dann an Bord.

*Abb. 59 Japan Kamakura, der Bronze Buddha*

An Bord angekommen sahen wir, dass die ersten neuen Passagiere kamen. Ich meldete mich beim Chief und meinem E-Assistenten zurück. Ich fragte: »Ist alles in Ordnung?« Karl nickte. »Wenn ihr wollt, könnt ihr jetzt an Land gehen und die nächsten Tage bis wir auslaufen auch. Ich bleibe dann an Bord.« Nach drei Tagen Liegezeit in Yokohama liefen wir wieder aus und fuhren nach

Kobe. Ab jetzt begann die Rückreise. Dort kamen wir zwei Tage später wieder an. Mehrere neue Passagiere warteten schon auf die MS Bayernstein und wurden von unserem Chief Steward empfangen.

Der Porzellanverkäufer mit einem Kollegen stand schon an der Pier mit diversen Holzkisten neben sich. Kaum dass die Gangway heruntergelassen war, kamen sie an Bord und brachten ihre Kisten in unsere Offiziersmesse. Ich ging zu ihnen, er gab mir eine kleine Kiste, in der die bestellten Musterteetassen waren. Unser Funker saß an einem Tisch mit der Kasse. Dem gab ich die Rechnung, der dann die Rechnung von meinem Bordkonto beglich. In Kobe blieben wir nur einen Tag. Spät in der Nacht liefen wir wieder aus.

Unser nächster Hafen war Hongkong, auch dort warteten neue Passagiere auf uns, die letzten dieser Reise. Dort stand auch der Schneider an der Pier. Bepackt mit unseren bestellten Sachen. Ich probierte die Hose und die Hemden an, die saßen wie angegossen. Selten hatte ich solch schöne maßgeschneiderte Hosen und Hemden besessen. Bezahlt wurde er wie in Kobe von unserem Funker, von meinem Bordkonto. Hier in Hongkong sollten wir zwei Tage liegen, gelöscht wurde mit landseitigen Kränen und unseren Ladebäumen an seitlich liegenden Schuten.

Gearbeitet wurde Tag und Nacht. An Land gehen konnte nur einer von uns; einer musste immer an Bord sein. Falls ein Winden ausfallen sollte, muss dieser von uns sofort repariert werden. Ein Stillstand der Löscharbeiten hätte der Reederei viel Geld gekostet. Wir müssten längere Liegegebühren bezahlen und wir kämen zu spät in den nächsten Hafen, wo schon der Liegeplatz auf uns wartete. Ich sagte zu Karl: »Einer von uns an Bord reicht. Wenn er an Land will, kann er gehen, ich bleibe dann hier.«

Unser nächster Hafen war Singapur. In der Nacht verließen wir Hongkong. Die Fahrt im Südchinesischen Meer nach Singapur verlief ohne Vorkommnisse. Das Wetter war gut und wir hatten einen leichten Seegang. Morgens sprach mich der Chief Steward an. Wir sollten heute Abend einen Film vorführen. Ich fragte: »Einen deutschen oder englischen?« »Das ist mir egal«, meinte er. »Ihr müsst mir nur den Filmtitel nennen, damit ich ihn im Aushang angeben kann.« Ich besprach das mit meinen E-Assis. und sagte: »Sucht einen lustigen Film aus und gebt dem Chief Steward den Filmtitel für seinen Aushang.«

Unterwegs nach Singapur spielte der 2. Ing. mit seinem Akkordeon Seemannslieder an Deck, dass hörten auch die Passagiere auf dem Passagierdeck. Sie baten ihn auf ihr Deck zu kommen. Nachdem der Kapitän zustimmte, ging er auf das Passagierdeck. Es lief richtig gut, sie sangen seine Lieder mit und verwöhnten ihn mit Getränken.

Am Mittag erreichten wir die Bucht von Singapur und legten uns auf Reede. Ich wusste von meinen anderen NDL-Schiffen, dass es lange dauern kann, bis der Lotse kommt. Vielleicht machen sie eine Ausnahme für uns, weil wir ein Passagierschiff sind und holen uns früher in den Hafen.

So war es auch. Nach einer Stunde kam der Lotse und brachte uns an die Pier im Hafen. Der Bus für die Rundfahrt der Passagiere stand schon an der Pier. Wie ich hörte, soll heute nur die Stadt besichtigt werden. Morgen das Umland von Singapur, mit vielen Sehenswürdigkeiten. Der Ausflug soll bis abends dauern.

Gelöscht wurde mit landseitigen Kränen und unserem Ladegeschirr von uns an seitlich liegenden Schuten. Beim Mittagessen traf ich Horst, der fragte, ob wir zum Markt gehen und Suppe essen wollen. Er spielte auf die Suppe an, die wir auf der Hinreise gegessen hatten und die uns sooo gut geschmeckt hatte. Ich sagte: »Ich kann leider nicht, es ist Windenbetrieb.«

Nach drei Tagen liefen wir wieder aus. Unser nächster Hafen war Djibouti. Wir fuhren vom Südchinesischen Meer durch den Golf von Aden und weiter in die Bucht von Djibouti. Djibouti erreichten wir am frühen Morgen. Der Lotse brachte uns gleich in den Hafen an die Pier.

Der Hafen war mir bekannt von der Reise mit der DS Axenfels. Dort hatte ich einen Brunnen fotografiert und dabei hatte ich versehentlich ein junges Mädchen mit auf meine Aufnahme bekommen, das mich beschimpfte. Ein Polizist rettete mich und sagte, dass das Mädchen glaubte, ihre Seele sei jetzt in meinem Foto, weil ich ein Bild von dem Brunnen mit ihr gemacht hatte. Der Polizist erklärte, dass die Leute hier sehr abergläubisch seien und schickte das Mädchen weg.

Am nächsten Morgen liefen wir wieder aus, vom Golf von Aden ins Rote Meer. Hier, wie bekannt, erwartete uns heißes Wetter. Die Sonne brannte erbarmungslos auf uns herunter. Wir wollten an Deck die Winden kontrollieren, haben es aber aufgrund der Hitze verschoben. In unserer Messe stand eine Schüssel mit Salztabletten, unser Schiffsarzt empfahl, jeden Tag zwei davon bei der Wärme zu essen.

Nachdem wir das Rote Meer hinter uns gelassen hatten, erreichten wir den Golf von Suez. Dort wird der Konvoi für den Suezkanal zusammengestellt. Da wir früh am Morgen hier ankamen, werden wir mit dem ersten Konvoi durchfahren. Der Lotse kam kurz darauf, und wir holten den Anker ein und reihten uns in den Konvoi ein. Die Durchfahrt durch den Suezkanal am Tag ohne Scheinwerfer ist selten. Wir hatten heute Glück und fuhren bei Tageslicht durch den Suezkanal. Nach acht Stunden erreichten wir Port Said und fuhren dann ins Mittelmeer. Unser nächster Hafen war Genua.

Das Mittelmeer empfing uns mit schönem Wetter und leichtem Seegang. Die Passagiere sonnten sich auf dem Passagierdeck. Bei den Festen waren jetzt genügend Herren mitgefahren, sodass wir leider nicht mehr gebraucht wurden. Wir begannen damit, die Winden zu kontrollieren, da das Wetter angenehmer war. An den meisten Winden war alles in Ordnung, da sie nicht so häufig gebraucht wurden. Meistens wurde mit landseitigen Kränen gelöscht.

Wir erreichten Genua am frühen Morgen, und die ersten Passagiere gingen von Bord. Ihre Angehörigen warteten bereits an der Pier mit ihren Autos. Nachdem die Behörden und der Lotse von Bord waren, kamen die Schauerleute laut diskutierend an Bord. Gelöscht wurde mit landseitigen Kränen. Der 2. Offiz. sagte, dass wir mit zwei Schichten arbeiten werden und bis in die Nacht hineinarbeiten werden. Wir wollen versuchen, morgen wieder auszulaufen. Ich sagte meinen E-Assistenten, dass sie an Land gehen können, wenn sie möchten, was sie auch taten.

In der Nacht darauf sind wir wieder ausgelaufen. Unser nächster Hafen ist Southampton. Das Wetter war gut, und wir hatten eine leichte See, als wir vom Mittelmeer zur Straße von Gibraltar und weiter zum Ärmelkanal fuhren, um schließlich Southampton zu erreichen. Am Mittag legten wir in der Bucht vor Anker, und kurz darauf kam der Lotse, der uns sicher an die Pier im Hafen brachte.

Southampton ist einer der größten Seehäfen Europas und liegt am Fluss Southampton, der in den Ärmelkanal mündet. Hier stiegen die nächsten Passagiere aus, während die Schauerleute damit beschäftigt waren, die Vorder- und Achterluken zu entladen. Wir sollten in dieser Nacht wieder auslaufen, keiner von uns Elektrikern wollte an Land gehen.

Um Mitternacht kam der Lotse an Bord, und eine halbe Stunde später legten wir ab und fuhren in die Bucht von Southampton. Dort verließ uns der Lotse, und wir fuhren weiter in den Ärmelkanal und schließlich in die Nordsee. Das Wetter blieb gut, und wir hatten leichten Seegang und warmes Wetter.

Am nächsten Tag erreichten wir die Bucht von Cuxhaven, wo der Lotse bereits auf uns wartete. Wir nahmen ihn an Bord und fuhren dann fünf Stunden auf der Elbe bis zum Hamburger Hafen, wo die meisten Passagiere von Bord gingen und von ihren Angehörigen erwartet wurden. Ich hörte, dass wir drei Tage hier in Hamburg liegen würden, und unser E-Assi Bernd verließ uns hier ebenfalls. Ich hatte dem Chief mitgeteilt, dass ich mit seinen Leistungen zufrieden war, und er sagte, dass er das in seinem Abschlussbericht vermerken würde.

Ich ging an Land, um mit meiner Familie und meiner Freundin vom Telefonhäuschen an der Pier zu telefonieren und ihnen mitzuteilen, dass ich wieder in Deutschland in Hamburg bin und dass wir in drei Tagen nach Bremerhaven fahren werden. Ob wir nach Bremen kommen, ist noch unklar. Beim Frühstück sagte ich Karl, dass ich heute Morgen an Land gehen und danach könnte er bis zum Auslaufen Hamburg erkunden. Er war damit einverstanden.

Ich meldete mich beim Chief ab und sagte: «Am Mittag bin ich wieder zurück. Der E-Assi. bleibt an Bord. Ich will mal wieder eine Scholle mit Bratkartoffel essen und dazu ein Hamburger Bier trinken.« Der Chief antwortete: »Dann guten Appetit! Sowas sollte ich auch mal machen, das hole ich in meinem Urlaub nach.« Ich machte mich landfein und ging an Land.

Im Hafenausgang nahm ich mir ein Taxi zu den Landungsbrücken. Dort wollte ich in einem der Fischrestaurants meine Scholle essen. Ich fand eins und ein Tisch mit Blick auf den Hafen war noch frei. Der Kellner fragte: «Wie möchten Sie die Scholle, mit Krabben oder Speck?« Ich sagte: »Mit Krabben.«

Anschließend wollte ich die kleine Kneipe besuchen, die ich kennen gelernt hatte, als ich hier auf der Howaldtswerft den Neubau MS Riederstein in Dienst gestellt hatte. Dort angekommen, hing ein Schild an der Eingangstür: »Geschlossen, wir sind im Urlaub.« Schade, dort gab es ein gutes Bier und die Kneipe hatte eine tolle alte maritime Ausstattung. Man fühlte sich dort wohl.

Ich ging zurück an Bord, meldete mich beim Chief und sagte: »Es war einfach gut.« Ich habe mit dem E-Inspektor gesprochen, der sagte, dass ich ein anderes Schiff bekommen werde, die MS Ravenstein. Alles weitere würde er mit mir in Bremerhaven besprechen. Der E-Assi. solle weiterhin an Bord bleiben.

Ich ging nochmal an Land, um mit meiner Familie und Brigitte zu telefonieren und sagte, dass ich in Bremerhaven abmustere und ein anderes Schiff bekomme. Wenn wir in Bremerhaven sind, rufe ich euch nochmal an.

Am nächsten Tag liefen wir aus nach Bremerhaven. Die Fahrt dorthin verlief ohne besondere Ereignisse. Nachdem wir in Bremerhaven an der Pier festlagen, gingen die letzten Passagiere von Bord. Der E-Inspektor stand an der Pier, ging wie immer zuerst zum Chief und dann zu mir. Er sagte: »Sie mustern hier ab. Ihr nächstes Schiff ist die MS Ravenstein, sie kommt am 22. Oktober in Bremen an. Dort lösen Sie den Elektriker ab.«

»Die Fahrt geht nach Ostasien. Bis dahin haben Sie Urlaub. Bitte bleiben Sie hier an Bord, bis die Ablösung kommt«, sagte der E-Inspektor. »Zum E-Assi. sagte er, er würde weiterhin auf dem Schiff bleiben. Er könnte nach Absprache mit mir bis zum Auslaufen nach Ostasien Urlaub machen.«

Ich rief noch einmal meine Familie und Brigitte an. Ich fragte meinen Vater, ob er mich hier in Bremerhaven abholen könnte. » Sag mir bitte Bescheid, wenn ich kommen soll«, sagte er. Während meines Studiums hatte ich mir einen Wagen gekauft. Mit diesem wollte ich mit Brigitte in den Urlaub fahren. Hoffentlich bekommt sie auch Urlaub.

*Abb. 60 Freundin Brigitte. Mit ihr will ich in Urlaub fahren.*

# MS Ravenstein

Abb.61 MS Ravenstein

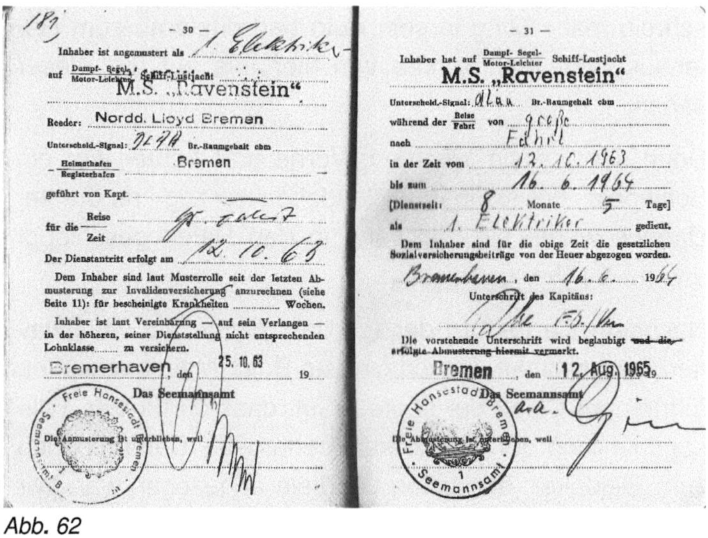

– 30 –

Inhaber ist angemustert als 1. Elektriker

auf Dampf- Segel- / Motor-Leichter Schiff-Lustjacht M.S. „Ravenstein“

Reeder: Nordd. Lloyd Bremen

Unterscheid.-Signal: DLAA Br.-Raumgehalt cbm ……

Heimathafen / Registerhafen Bremen

geführt von Kapt. ……

für die Reise / Zeit gr. Fahrt

Der Dienstantritt erfolgt am 12. 10. 63

Dem Inhaber sind laut Musterrolle seit der letzten Abmusterung zur Invalidenversicherung anzurechnen (siehe Seite 11): für bescheinigte Krankheiten …… Wochen.

Inhaber ist laut Vereinbarung — auf sein Verlangen — in der höheren, seiner Dienststellung nicht entsprechenden Lohnklasse …… zu versichern.

Bremerhaven, den 25. 10. 63 19……

Das Seemannsamt

Die Anmusterung ist unterblieben, weil ……

– 31 –

Inhaber hat auf Dampf- Segel- / Motor-Leichter Schiff-Lustjacht M.S. „Ravenstein“

Unterscheid.-Signal: DLAA Br.-Raumgehalt cbm ……

während der Reise / Fahrt von große Fahrt

nach ……

in der Zeit vom 12. 10. 1963

bis zum 16. 6. 1964

[Dienstzeit: 8 Monate 5 Tage]

als 1. Elektriker gedient.

Dem Inhaber sind für die obige Zeit die gesetzlichen Sozialversicherungsbeiträge von der Heuer abgezogen worden.

Bremerhaven, den 16. 6. 1964

Unterschrift des Kapitäns:

Die vorstehende Unterschrift wird beglaubigt ~~und die erfolgte Abmusterung hiermit vermerkt.~~

Bremen, den 12. Aug. 1965 19

Das Seemannsamt

Die Abmusterung ist unterblieben, weil ……

Abb. 62

## *MS Ravenstein NDL Bremen*

1. Elektriker 12.10.1963 - 15.06. 1964
2. Elektriker 22.11.1962 - 25. 06. 1963
Ost Asien
Schiffsmaße: 166,5 m
Breite: 19,6 m
Besatzung: 53
Maschine: 3 Fünfzylinder Dieselmotoren 12000 PS
Höchstgeschwindigkeit: 17,5 kn (32 km/h)

Ich erfuhr aus dem Bremer Weser Kurier, dass die MS Ravenstein am 22. Oktober im Übersee Hafen am Schuppen 86 um 10 Uhr erwartet wird. Ich stand pünktlich um 10 Uhr an der Pier. Mein Vater hatte mich mit seinem Auto hier an die Pier gefahren. Er verabschiedete sich und sagte: »Ich habe einen wichtigen Termin, ich muss weg. Ich wünsche dir alles Gute, bleib gesund und schreib mal.« Stieg in sein Auto und düste ab zum Hafenausgang. Man konnte von hier aus auf die Weser sehen.

Dann sah ich sie kommen. Vorne und Achter war ein Schlepper, der sie in das Wendebecken zog und drehte. Danach wurde sie rückwärts in den Hafen geschleppt und an die Pier gedrückt.

Nachdem sie fest an der Pier lag, wurde die Gangway heruntergelassen und ich ging an Bord. Mein erster Weg führte zum Chief, der sagte: »Gut, dass du da bist. Willkommen und auf gute Zusammenarbeit.« Dann ging ich zum Elektriker, der schon Landfein angezogen war. Wir stellten uns vor, er sagte: »Gut, dass du so früh da bist. Mein Zug geht um 14 Uhr nach Hamburg. Lass uns einen Rundgang machen. Beginnen wir im Maschinenraum.« Unten angekommen, bestaunte ich die drei Hauptmaschinen. Er sagte, wenn wir Manöver fahren und ständig ein Motor zu- oder abgestellt wird von der Brücke, springt man von einer Maschine zur anderen. Er übernimmt dann immer den Maschinentelegrafen.

Manchmal werden zwei Maschinen gleichzeitig an- oder ausgeschaltet, schneller oder langsamer gefahren. Dann helfe ich auch an den Maschinen mit aus. Er zeigte mir die anfälligen E-Motoren, bei denen ich besonders aufpassen sollte. Der Generator 3 muss öfter an den Wicklungen geprüft und gereinigt werden. Er meinte, ich habe ihn nur zugeschaltet, wenn es nötig war. Was mir hier besonders fehlt, ist ein E-Assi. Auf dem Schiff fährt keiner mit. Eine weitere Hand wird hier häufig gebraucht.

Inzwischen war Mittag geworden. Wir gingen zur Offiziersmesse. Er stellte mich den anwesenden Kollegen vor, zeigte mir meinen Platz und sagte, er hätte sich von den Kollegen schon verabschiedet. Er würde dann nach dem Essen zum Bahnhof fahren. Vielleicht bekommt er noch einen Zug früher.

Der Steward hatte die Kammer sauber gemacht und das Bett neu bezogen. Ich räumte meine Sachen in den Schrank und Schubfächern, zog meine Khakiuniform an und ging zur E-Werkstatt, die sich auf jedem NDL-Schiff vorne im 1. Windenhaus befindet.

Der Schlüssel hing am Schlüsselbrett in der Kammer. Ich sah, dass auf der Werkbank und den Fußbodenplatten noch viel Arbeit auf mich wartete. Anschließend ging wir zum Rudermaschinenraum, vorbei an unserem Wäscher, der auf allen NDL-Schiffen ein Chinese war und wegen seines unaussprechlichen Namens Fritz genannt wurde. »Er wäscht für die Besatzung unsere Wäsche gegen Bezahlung.« Später, nachdem wir uns besser kannten, hatte er, wenn meine schmutzige Wäsche, die ich in einem Sack sammelte, aus meiner Kammer geholt und nach der Wäsche wieder in meinen Schank eingeräumt. Dafür bekam er von mir ein kleines extra Geld.

Ich ging auf die Brücke, um mich vorzustellen. Die 12–4 Uhr–Wache des 3. Offiz. hatte Dienst. Ich fragte, ob hier auch der Elektriker vor der Abfahrt das Typhon kontrolliert, er sagte das machen wir mit. Ich fragte wann laufen wir aus, er sagte morgen Abend. Beim Abendbrotessen kam Horst, mein Freund herein, mit dem ich auf der TS-Moselstein und MS Bayernstein gefahren bin.

Uns verbindet eine Freundschaft. Als er mich sah, sagte er: »Das darf doch nicht wahr sein, du bist auch hier!« und setzte sich zu uns an den Tisch. Er war zum 2. Ing. befördert worden. Ich gratulierte ihm, er sagte: »Ich bin erst zwei Tage hier, ich bin in Hamburg zugestiegen.«

Am nächsten Nachmittag liefen wir aus. Das Wetter hatte sich verschlechtert, es stürmte und regnete. Ich hatte meine Familie angerufen, dass wir auslaufen. Sie sagten, sie fahren nach Vegesack. Dort wollten sie, wenn wir da vorbeifahren, mir zuwinken.

*Abb.63 In Vegesack winkte mir meine Familie zu.*

Unser nächster Hafen war Rotterdam. Nachdem uns der Lotse in Cuxhaven das Schiff verlassen hatte, fuhren wir in die Nordsee. Das Wetter war stürmisch, und der Regen peitschte über das Deck. Wir fuhren nur mit halber Kraft. Das Vorschiff tauchte tief in die See ein, und die Gischt spritzte bis zur Brücke hinauf.

*Abb. 64 Auf der Fahrt nach Rotterdam hatten wir schlechtes Wetter.*

Dort kamen wir am späten Abend an. Der Lotse kam uns entgegen, sodass wir zügig in den Hafen kamen und in kurzer Zeit später fest an der Pier lagen. Nachdem die Behörde von Bord war, kam die Schauerleute an Bord, trotz Regen, fingen sie an zu Löschen. Der 2. Offiz. sagte: »Wir werden durcharbeiten, bis morgen früh. Dann wollen wir auslaufen. Hoffentlich klappt das bei dem Regen.« Es klappte, gleich nach dem Frühstück liefen wir aus. Unser nächster Hafen war Genua.

Nachdem der Lotse von Bord war, liefen wir in den Ärmelkanal ein. Das Wetter hatte sich nicht geändert, jetzt kam noch Nebel dazu. Wir fuhren mit halber Kraft. Da es hier im Ärmelkanal ein hohes Verkehrsaufkommen gibt, mussten die Kollegen auf der Brücke vorsichtig fahren. Ich stand im Maschinenraum an dem Maschinentelegrafen und lief von einem zum anderen, um die Meldung von der Brücke zu quittieren und in die Kladde einzutragen.

Die Biskaya empfing uns, wie das hier im Herbst üblich ist, auch mit Sturm. Das Schiff tauchte weiterhin tief in die See ein. Im Maschinenraum mussten wir uns festhalten, um nicht auf den Flurplatten auszurutschen. Das Wetter änderte sich erst, nachdem wir in die Straße von Gibraltar einfuhren. Der Regen hörte auf und der Wind wurde weniger, sodass wir wieder Marschgeschwindigkeit fahren konnten. Als wir im Mittelmeer einfuhren, schien die Sonne und es wurde immer wärmer je näher wir Genua kamen.

Die Bucht von Genua erreichten wir mitten in der Nacht. Der Lotse und die Schlepper warteten schon auf uns. Eine Stunde später lagen wir fest an der Pier. Hier in

Genua war ich erst vor drei Monaten mit der MS Bayernstein gewesen, hier sind die ersten Ost-Asien-Passagiere ausgestiegen. Wir sollen hier nur einen Tag liegen, dann soll es weiter nach Port Said gehen, anschließend durch den Suezkanal. Am nächsten Tag liefen wir aus, das Wetter im Mittelmeer war der Jahreszeit angepasst. Wir hatten 20 Grad und eine leichte See.

Ich hatte jetzt während der Fahrt nach Port Said Zeit, mir die in der Werkstatt liegen gebliebenen Arbeiten vorzunehmen. Wir erreichten Port Said am frühen Morgen. Der Lotse brachte uns in den Hafen an die Pier. Nachdem die Behörden und der Lotse von Bord waren, kamen zwei Handwerker an Bord. Sie bauten zwei Holzgestelle an der Bb.-Seite im Achterdeck auf. Vom 3. Offiz. hörte ich: »Wir sollen zwei Kamele nach Djibouti bringen. Es sollen ganz besondere Tiere sein, die für die Zucht im Zoo von Djibouti gebraucht werden. Es fährt ein Zooarbeiter mit, der die Tiere betreut und füttert. Heu und Stroh hat er mitgebracht.«

Am Abend, nachdem der Lotse an Bord war, verließen wir Port Said und reihten uns in den Konvoi ein, der durch den Suezkanal fährt.

*Abb. 65 Diese Kamele sind für den Zoo in Djibouti bestimmt.*

*Abb. 66 Wir ankerten im Bittersee.*

Nach Absprache mit der Brücke fahren wir nachts durch den Kanal. Ich sollte den Scheinwerfer oben am Bug des Schiffes anbringen. Die Prozedur kannte ich schon von den anderen NDL-Schiffen. Für mich war klar, dass ich den Scheinwerfer während der Fahrt bedienen muss. Da es nachts kalt werden würde, müsste ich mir einen Mantel anziehen.

Um 22 Uhr setzte sich der Konvoi in Bewegung. Wie ich hörte, müssen wir den Bittersee anlaufen, um dort den entgegenkommenden Konvoi nach Port Said durchzulassen. Nachdem der Konvoi durchgefahren war, reihten wir uns wieder ein und fuhren in den Suezkanal, nach Suez.

In Suez verließ uns der Lotse und wir fuhren weiter ins Rote Meer nach Djibouti. Das Wetter war angenehm warm. Auch hier im Roten Meer ist es im Winter kühler, nicht so warm wie im Sommer mit der schweißtreibenden Hitze.

Nachdem wir das Rote Meer verlassen hatten, liefen wir in die Bucht von Djibouti ein. Der Lotse kam auf uns zugefahren. Wir fuhren langsam, sodass der Lotse während der Fahrt auf die Strickleiter steigen konnte. Kurze Zeit später lagen wir fest an der Pier.

Als erstes wurden die wertvollen Kamele mit den landseitigen Kränen auf den wartenden Zoo-Lieferwagen geladen. Zwei Zoo-Mitarbeiter demontierten die Holzgestelle, reinigten das Deck und nahmen das restliche Heu und Stroh wieder mit. In Luke 2 wurde von den Schauerleuten gelöscht, mit landseitigen Kränen.

Am nächsten Morgen liefen wir wieder aus. Nachdem der Lotse von Bord war, fuhren wir vom Golf von Aden in den Indischen Ozean nach Singapur.

In der Bucht von Singapur angekommen, legten wir uns auf Reede und warteten auf den Lotsen. Ich wusste, das kann lange dauern, bis einer kommt. Nach zwei Tagen kam der Lotse und brachte uns an die Pier. Ich sagte zu Horst beim Frühstück: »Ich will an Land, zum Markt, und ich will mir Korbstühle kaufen. Willst du mit?« Das wollte er. Der Chief hatte mir freigegeben, weil mit landseitigen Kränen gelöscht wird. Horst und ich holten uns vom Funker Geld und einen Landgangsausweis. Eine halbe Stunde später waren wir landfein angezogen und verließen das Schiff.

*Abb. 67 Der Korb-Laden CHUM MEE LEE*

Am Hafenausgang war ein Taxistand. Dort standen mehrere Taxis. Als sie uns kommen sahen, winkten sie, wir sollten bei ihnen einsteigen. Wir nahmen das erste Taxi, das uns zum Markt brachte. Dort suchten wir die kleine Suppenküche, die wir mit der MS Bayernstein gefunden hatten. Diese wohlschmeckende Suppe hatte uns so gut geschmeckt, dass wir uns vornahmen, sie zu essen, wenn wir in Singapur sind.

Nach dem Essen wollte ich meine Korbstühle kaufen. Ich wusste noch, wo ich sie hier in Singapur gesehen hatte. Im Korb-Laden CHUM MEE LEE angekommen, standen im Verkaufsraum diverse Arten von Korbstühlen, von einem Schaukelstuhl bis zu Korbstühlen sowie verschiedene

Korbtische. Ich entschloss mich zu zwei runden Korbstühlen, einem runden Korbtisch mit einer Glasplatte und zwei Rattan-Stühlen mit hoher Rückwand und Armlehnen, die mein Schwager und meine Schwester Helga bei mir bestellt hatten.

Wir feilschten lange um den Preis, bis wir uns einigten. Alle diese Sachen sollte er mir bei meiner Rückreise an Bord liefern. Vereinbart wurde die Bezahlung bei Anlieferung an Bord. Wir verließen das Geschäft. Horst sagte: »Lasst uns ein Restaurant finden, wo wir ein Bier trinken können.« Bei einem Bier blieb es nicht, bevor wir wieder an Bord gingen.

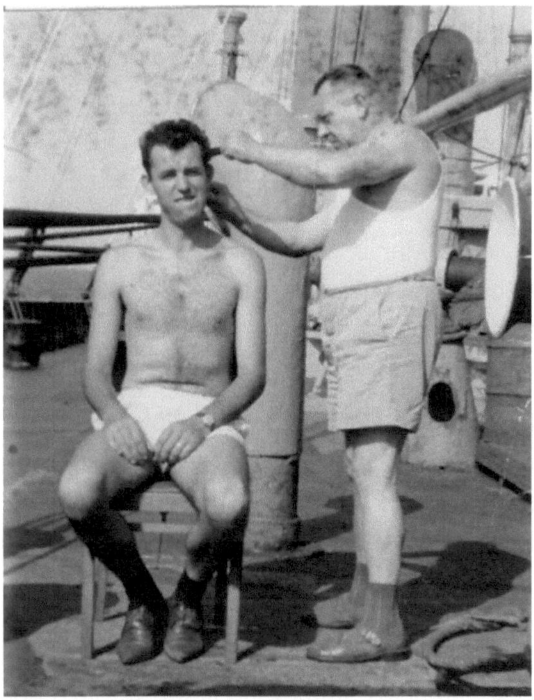

*Abb. 68 Der Chief schneidet mir die Haare.*
*Er sagte. »Du hast das nötig.«*

Am nächsten Tag liefen wir wieder aus in das Südchinesische Meer.

Unser nächster Hafen war Manila auf den Philippinen. Auf der Fahrt dorthin hatten wir allerschönstes Wetter. Ich wollte die Winden an Deck kontrollieren und falls nötig, überholen.

Der Chief sagte zu mir: »Du musst mal wieder zum Friseur. Bei dir kann man ja schon Zöpfe flechten. Hol mal einen Stuhl an Deck, ich schneide sie dir.« Nachdem er fertig war, bedankte ich mich. Anschließend betrachtete ich mich im Spiegel. Der Haarschnitt war super.

Spät in der Nacht erreichten wir die Bucht von Manila. »Wenn ich daran denke, was ich hier in Manila schon erlebt habe mit der TS-Moselstein, vom missglückten Bootsmanöver, das der Kapitän angeordnet hatte.«, dachte ich bei mir. »Dann versuchte man in der Nacht auf Reede, eine Manila (Tampen) zu stehlen. Unsere Decksleute hatten sie mit einer Bootverfolgung eingeholt und wieder abgenommen. Ich bin gespannt, was dieses Mal passiert.«

Nach drei Tagen auf Reede kam der Lotse und brachte uns an die Pier. Laut dem 3. Offiz. »wird erst am nächsten Morgen mit den Löscharbeiten begonnen.« Das bedeutete, dass ich an Land gehen konnte. Horst und sein Ing. Assi Ulli wollten mit in die Stadt gehen. Auf der Gangway trafen wir den 3. Offiz., der sich uns anschloss. Wir fuhren mit einem Taxi, das aus alten amerikanischen Wehrmachtsbeständen stammte. Hinten in der Ladefläche hatte man zwei Bänke eingebaut.

Das Taxi hielt durch Klopfen oder Rufen an. Beim Einsteigen musste man nur winken, dann hielt er an. Man bezahlte eine kleine Summe beim Fahrer. In der Stadt angekommen, suchten wir uns eine Bar. Das war nicht weiter schwer, denn hier an der Hauptstraße gab es mehrere Bars. Jeder versuchte die Besucher mit großen bunten Schildern anzulocken, ähnlich wie bei uns in Hamburg auf der Reeperbahn.

Wir kehrten in eine Bar ein, die nicht nach Nepp aussah. Die Preise waren entsprechend der Preisliste draußen im Aushang nicht zu hoch. Nach mehreren Bieren und Gläsern Whisky reichte es mir. Ich wollte zurück an Bord. »Ob jemand mitkommen wollte?«, fragte ich in die Runde. Doch keiner hatte Lust, die fröhliche Runde zu verlassen. Also bezahlte ich meine Getränke an der Bar und bat den Barkeeper, mir ein Taxi zu rufen.

Ich ging nach draußen und sah schon das Taxi vorfahren. Ich stieg ein und sagte zum Fahrer: »Zum Hafen bitte.« Nach einer Weile fragte ich ihn, ob das der schnellste Weg zum Hafen sei. Er sagte, er müsse einen kleinen Umweg fahren, den ich aber nicht bezahlen müsse.

Plötzlich befanden wir uns in einem dichten Wald. Der Taxifahrer sagte, wir seien gleich da. Nach fünf Minuten erreichten wir ein Haus. Es war eine Rotlicht-Bar. »Ich möchte hier auf ihn warten, er komme gleich wieder«, sagte der Fahrer. »An der Bar könnte ich mir ein Bier bestellen, das bezahlen ich.«

Wir gingen in die Bar, und was ich hier sah, wollte ich nicht glauben. An der Theke saßen zwei leicht bekleidete junge Frauen, genauer gesagt nur mit einem kleinen Höschen bekleidet, die mir zuwinkten und mich aufforderten, mich zu ihnen zu setzen. Als sie merkten, dass ich das nicht wollte, kam eine zu mir und zog mich an die Theke.

In dem Moment kam eine weitere Frau in den Raum. Sie hatte gar nichts an, nur ihre Schuhe. Jetzt merkte ich, dass ich in einem Puff gelandet war. Ich dachte, wie komme ich hier heil wieder heraus? Ich setzte mich an die Bar, und der Barmann stellte mir ein Bier hin.

Die Damen wollten, dass ich auch für sie einen Sekt spendiere. Ich machte ihnen klar, dass ich kein Geld mehr hatte. Das hätte ich in einer anderen Bar in der Stadt ausgegeben. Dann kam mir eine Idee.

Ich sagte zum Barmann: »Ich habe kein Geld mehr.« Ich wollte zum Schiff mit dem Taxi fahren und welches holen und meine Kollegen mitbringen.« Das wollte er nicht. Erst als ich ihm meine Armbanduhr als Pfand anbot, willigte er ein. Fünf Minuten später war der Taxifahrer wieder da und brachte mich zum Hafeneingang. Ich weiß nicht, wie lange er auf mich und meine Kollegen gewartet hat. Auf jeden Fall bin ich dort noch mal heil herausgekommen, auf Kosten meiner Uhr.

»Für mich ist es immer interessant, morgens hier in Manila an der Reling zu stehen, wenn die Nachtschwärmer an Bord kommen.« Heute Morgen kam ein Besatzungsmitglied leicht angetrunken an Bord. Er hatte nur noch eine Unterhose an, sonst nichts. Er erzählte der Deckswache, dem 3. Offiz., dass er volltrunken am Strand eingeschlafen wäre.

Als er aufwachte, waren seine Kleider einschließlich der Schuhe weg. Er hatte nicht bemerkt, wann man sie ihm ausgezogen hätte. Der 3. Offiz. erzählte mir, dass auf der vorherigen Reise ein Kollege volltrunken mit einem Esel angekommen war, den er an Bord bringen wollte. Ich konnte ihn überreden, den Esel wieder zurückzubringen. Ob das nun Seemannsgarn war, weiß ich nicht. Möglich wäre das schon.

Morgens kamen die Schauerleute mit lautem Geschrei an Bord. An Schlafen war nicht mehr zu denken. Ich duschte mich lange warm und kalt. Danach war ich richtig wach. Bis zum Frühstück war es noch zu früh. Ich versuchte in der Messe einen Kaffee zu bekommen, den der Steward für die 4–8 Uhr–Wache gebrüht hatte. Ich hatte Glück. Die Kanne stand noch in der Pantry. Sie wurde noch nicht geholt.

Ich habe Horst und den Kollegen, mit dem ich gestern unterwegs war, morgens beim Frühstück nichts von meinen Abenteuern erzählt. Die hätten mir das nicht geglaubt. Die hätten gesagt, ich erzähle Seemannsgarn. Es wurde bis in die Nacht gelöscht, sodass wir am frühen Morgen auslaufen konnten.

Unser nächster Hafen war Hongkong. Wir fuhren weiterhin im Chinesischen Meer zu unserem Hafen Kowloon, der gegenüber von Hongkong liegt. Dort kamen wir am Nachmittag an. Der Schneider stand an der Pier mit seiner Assistentin. Das war gut, denn ich wollte mir von ihm zwei Anzüge machen lassen. Er hatte diverse Stoffmuster mitgebracht.

»Das sind alles hochwertige englische Stoffe«, sagte er. Ich suchte mir für meine Anzüge einen hellgrauen, silbern schimmernden Stoff und einen dunkelblauen aus. Außerdem sollte er mir zwei Oberhemden mit langen Ärmeln und den neuen, modernen Kragen nähen. Nachdem er alles an mir ausgemessen hatte, sagte er: »Bevor ihr auslauft, werde ich nochmal kommen und die gehefteten Anzüge anprobieren und falls nötig korrigieren. Bei der Heimreise kommt ihr ja wieder hier vorbei, dann sind sie fertig.«

Außerdem war der Händler für Wäschetruhen da. Ich hatte eine kleine Mustertruhe mitgenommen, als wir mit der MS Bayernstein hier in Hongkong waren. Die hatte ich meiner Freundin Brigitte gezeigt. Sie wollte eine große Truhe haben für ihre Winterwäsche, mit den geschnitzten chinesischen Motiven, genauso wie das kleine Muster ist. Also bestellte ich eine bei ihm, die ich auch bei der Heimreise in Hongkong mitnehmen würde. Ich konnte nach Rücksprache mit dem Chief an Land gehen. Ich wollte mir einen Fotoapparat kaufen.

Um nach Hongkong zu kommen, musste ich mit der Fähre fahren. Ich kaufte mir eine Fahrkarte im Fährhäuschen und ging auf die wartende Fähre. Sie war weißgrün lackiert und war zwei Etagen hoch. Es gab zwei Eingänge. Der obere Eingang war für Europäer vorgesehen, die unteren für einheimische Fahrgäste.

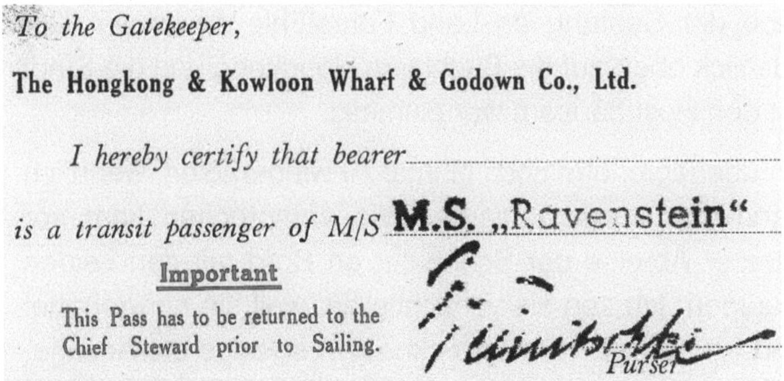
To the Gatekeeper,

The Hongkong & Kowloon Wharf & Godown Co., Ltd.

I hereby certify that bearer

is a transit passenger of M/S M.S. „Ravenstein“

**Important**

This Pass has to be returned to the Chief Steward prior to Sailing.

Purser

*Abb. 69 Hafenausweis für Hongkong*

Nach einer kurzen Fahrt legten wir am Fährhafen an. Ich wusste noch, wo der große Fotoladen war, und eilte dorthin.

Die Fotoapparate konnte man zollfrei kaufen, also günstiger als in Deutschland. Ich suchte mir zwei Modelle aus: eine 6x6-Spiegelreflexkamera und eine kleine Foto ähnlich wie unsere Minox-Foto. Diese kleine Kamera machte scharfe Aufnahmen. Ich hatte sie immer in meiner Hosentasche, wenn ich an Land ging. Auch die Aufnahmen an Bord von den Kühen, die wir geladen hatten (auf der Heimfahrt), sind mit der Kamera gemacht worden.

Ich ging anschließend in der Stadt spazieren. Auf der Straße hupten Autos, die Straßenbahn klingelte und die Menschenmassen drängelten sich durch die Straßen. Hier war richtig Stress in der Stadt. Ich hatte gehört, dass in einem der Hochhäuser oben auf dem Dach eine Aussichtsplattform war und wollte mir diese ansehen. Der Aufzug brachte mich mit einer Geschwindigkeit nach oben, dass mir die Luft wegblieb. Ich war begeistert von dem Aufzug und dachte, dass das etwas für mich wäre, nach der Seefahrt an Land Fahrstühle zu bauen. Der Ausblick oben auf die Bucht von Hongkong und die Stadt mit den Hochhäusern war einmalig.

Ich überlegte, das noch einmal zu wiederholen, wenn ich Hongkong wieder anlaufe. Wie versprochen kam vor unserer Abreise der Schneider an Bord mit den beiden Anzügen. Ich zog sie vorsichtig an, weil sie nur geheftet sind. Er korrigierte mit Stecknadeln solange die Anzüge, bis sie passend waren.

Am nächsten Morgen liefen wir aus nach Südkorea. Unsere Reise führte uns von Hongkong durch die Straße von Formosa ins Ostchinesische Meer, weiter ins Gelbe Meer nach Südkorea zum Hafen Seoul. Seoul bedeutet 'Besondere Stadt'. Sie liegt im Norden Südkoreas an der Grenze zu Nordkorea. Es zieht dort ein vier Kilometer breiter Grenzstreifen an den beiderseitigen Grenzen vorbei. Auf beiden Seiten sind umfangreiche Truppenkontingente stationiert.

Seoul erreichten wir zur Mittagszeit. Nachdem der Lotse uns an die Pier gebracht hatte und wir festlagen, fingen die Schauerleute gleich an, mit landseitigen Kränen anzulanden. Morgens beim Frühstück fragte ich in die Runde, wer mit an Land wollte. Horst sagte, sein Assi wollte auch mit. Ich meldete mich beim Chief ab und ging zum Funker, um Geld und einen Landgangsausweis zu holen.

An der Gangway trafen wir den 3. Offiz., der auch an Land wollte und sich uns anschloss. Am Hafenausgang standen Taxis. Mit dem Taxifahrer handelten wir für eine Stadtrundfahrt und den Sehenswürdigkeiten den Preis aus. Er schrieb eine Zahl auf einen Zettel und zeigte sie mir. Ich nahm seinen Kugelschreiber und halbierte die Zahl. Da wurde er laut und schüttelte den Kopf. Wir einigten uns dann auf dreiviertel der Summe. Nach einer Stunde brachte der Taxifahrer uns in die Stadt zurück. Viel gesehen hatten wir nicht, außer Reisfelder mit Chinesinnen bei der Reisernte, wir fuhren wieder zurück zur Stadt und bezahlten den vereinbarten Preis.

Die Stadt war voll mit US-Soldaten, es sah hier aus wie im Krieg. Einige Soldaten hatten sich eingegraben, nur der Oberkörper war zu sehen, vor sich ein Maschinengewehr. Auf den Häusern mit Flachdächern standen Kanonen, die auf die Hafeneinfahrt gerichtet waren. Man sagte mir, abends werde die Hafeneinfahrt mit einem Stahlnetz geschlossen, damit keine Unterseeboote hineinfahren können. Das sah hier nach Verteidigung aus. Alles lief hier ohne Hektik ab. Mit einem Angriff rechnete hier wohl keiner.

Wir wollten in der Stadt bummeln gehen und hatten vom Taxi aus ein großes Kaufhaus gesehen, das wir jetzt besuchen wollten. Im Kaufhaus stellten wir fest, dass man hier alles Wichtige bekommen konnten.

Wir sahen einen Schallplatten Stand. Dort entdeckte ich deutsche Schallplatten, überwiegend mit deutschen Sängern. Ich rechnete den Preis um in deutsches Geld. Dann kostete eine Langspielplatte eine Mark. Ich kaufte mir gleich fünf Stück, und der 3. Offiz. kaufte gleich zehn davon. Zufrieden mit meinem Kauf wollten wir noch ein Bier in einer Bar trinken. In der ersten Bar waren viele US-Soldaten, die einen unangenehmen Krach machten, sodass wir gleich wieder hinausgingen. In der nächsten Bar war es genauso. Ich sagte dann: »Trinken wir an Bord unser Bier«.

Während wir die Gangway an Bord stiegen, sah ich den Zollbeamten dort stehen, der sich mit dem Wachhabenden Matrosen unterhielt. Dann zeigte der Matrose auf uns und der Zollbeamte fragte uns, ob wir Schallplatten gekauft hätten. Ich antwortete mit »Ja« und er sah sie auch in meiner Hand. Er meinte, diese Schallplatten seien nur für die einheimische Bevölkerung bestimmt und ich sollte sie ihm geben. Sie würden die Schallplatten wieder zurückbringen. Der 3. Offiz. und ich gaben ihm die Schallplatten. Ob wir das Geld wiederbekommen haben, weiß ich nicht mehr. Wohl eher nicht.

Wir liefen am nächsten Morgen aus und fuhren ins Gelbe Meer, von da aus weiter in die Straße von Korea nach Pusan. Dort waren wir am nächsten frühen Morgen und der Lotse brachte uns gleich an die Pier, sodass die Schauerleute mit den landseitigen Kränen gleich mit dem Löschen beginnen konnten. Beim Frühstück fragte ich in der Runde, ob jemand mit an Land gehen wollte. Horst sagte: »Ich kann nicht« und der 2. Offiz. sagte: »Ich komme mit«.

Ich meldete mich beim Chief ab, holte mir einen Landgangsausweis und Geld vom Funker und ging zur Gangway. Der 2. Offiz. wartete schon und wir trabten los zum Hafenausgang. Dort nahmen wir ein Taxi, handelten einen Festpreis aus, um uns die Sehenswürdigkeiten von Pusan zeigen zu lassen.

Nachdem wir die Stadt verlassen hatten, sahen wir Reisfelder. Die Frauen, die dort arbeiteten, hatten große Strohhüte auf ihren Köpfen und waren so beschäftigt, dass sie nicht merkten, dass ich sie fotografierte. Der Taxifahrer sagte, er wollte uns jetzt eine Ananasfarm zeigen.

Nach zehn Minuten sahen wir sie. Soweit man sehen konnte, waren es Ananasfelder. Hier sah ich zum ersten Mal, wie sie wachsen, oberhalb der Erde, vergleichbar mit unseren Kohlrabis. Am Wegesende standen zwei große Hallen. Je näher wir der Hallen kamen, desto stärker rochen wir den Saft der Ananas. Das verstärkte sich noch mehr, als wir die erste Halle betraten.

Der Taxifahrer sagte, hier würden die Ananas direkt vom Feld verarbeitet. In der Halle zeigte uns der Taxifahrer, wie die Ananas geschält und der Kern ausgestochen wird. Anschließend wurden sie in Scheiben geschnitten und fielen auf das Fließband. Dort standen fünf Frauen am Fließband mit einer Haube auf dem Kopf. Sie füllten die Scheiben in Dosen, die dann automatisch von einer Maschine geschlossen und etikettiert wurden.

Das Logo auf der Dose kam mir bekannt vor von unseren Einkaufszentren in Deutschland. Unter dem Fließband schwamm der Saft der Ananas. Die Frauen standen Holz Grätings und hatten Gummistiefeln an. Der Süße Geruch vom Saft war unerträglich. Wie die Frauen das aushalten können! Wir verließen die Halle. Draußen stand ein Arbeiter mit einer Ananas in der Hand. Mit einer Machete schälte er sie und gab jeden von uns ein Stück.

Ich roch immer noch den intensiven Geruch in der Halle. Ich mochte nichts essen, aber nur dann wäre er beleidigt gewesen und das wollte ich nicht. Also nahm ich etwas. Wir stiegen wieder ins Taxi und fuhren zurück in die Stadt. Wir bezahlten den vereinbarten Preis und stiegen aus.

Während wir durch die Stadt schlenderten, sah ich einen Laden, der Holzschnitzarbeiten verkaufte. Mir gefiel ein Fischer, aus dunklem Holz geschnitzt und ca. 60 cm hoch. Er hielt in der Hand eine Angel, an der eine Fisch hing. Den Fischer wollte ich haben, aber der Preis, den er nannte, war mir zu hoch. Ich strich ihn durch und halbierte ihn. Damit war er nicht einverstanden und wir gingen wieder.

Wir wollten noch zum Friseur und danach wieder dort vorbeigehen. Unsere Haare brauchten eine Veränderung. Wir fanden einen in einer Seitenstraße. Die Frisierstühle standen draußen auf dem Gehweg. Das war praktisch, denn die abgeschnittenen Haare wurden vom Wind auf die Straße geweht. Nach dem Haarschnitt sagten unsere Kollegen an Bord, ich würde mit dem Haarschnitt wie ein Chinese aussehen, es fehlten nur noch die Schlitzaugen.

Nach dem Friseur gingen wir noch mal zu dem Laden. Dieses Mal gab er einen Preisnachlass von 20 % und ich kaufte den Fischer. Dieses Mal war kein Zoll an Bord, der ihn mir wieder abnehmen würde. Den Fischer habe ich noch immer. Er steht oben auf meiner Kommode und schaut auf meinen Laptop, während ich dieses Buch schreibe.

Drei Tage später liefen wir morgens in Pusan wieder aus zur Insel Honshu in Japan, nach Kobe.

Unsere Reise führte uns von der Koreastraße ins Ostchinesische Meer und weiter in den Pazifischen Ozean bis in die Bucht von Kobe. Dort kamen wir am Abend an. Schlepper und Lotse warteten schon auf uns. Kurze Zeit später lagen wir fest an der Pier.

Der Porzellan-Händler erwartete uns bereits, bepackt mit Kisten und Mustern kam er an Bord. Meine Schwester und Freundin Brigitte hatten sich die Teetassenmuster, die ich von der Reise mit der MS Bayernstein mitgebracht hatte, angesehen und Bestellungen aufgegeben. Der Händler hatte ein Kaffeegeschirr mitgebracht, dessen Ausführung ich noch nicht kannte.

Die Untertasse war in Blattform und diente als Kuchenteller und Untertasse, auf dem die Kaffeetasse stand. Mit japanischen Motiven, in Platin handbemalt. Auch davon bestellte ich einen kompletten Satz. Dieses Geschirr haben wir heute noch. Es kommt nur zum Einsatz, wenn Besuch da ist. Brigitte hat Angst, dass beim Abwaschen das Platin beschädigt oder abgeht.

Der Chief sagte uns, er habe mit dem Kapitän gesprochen, ob unsere Frauen in Genua an Bord kommen könnten und bis Hamburg oder Bremen mitfahren dürften. Der Kapitän sagte, er hätte nichts dagegen, es müsste nur der NDL zustimmen. Er wollte das beim nächsten Gespräch mit ihnen besprechen.

Beim Mittagessen fragte mich Horst, ob ich mit an Land wollte. Da mit landseitigen Kränen gelöscht wird, hatte der Chief sicher nichts dagegen.

Wir besuchten die Kaufhäuser. Ich fand es toll, dass junge Mädchen in der Eingangstür der Kaufhäuser standen und mit einer Verbeugung die Türen öffneten, wenn jemand hineinwollte. Das Gleiche galt, wenn man mit der Rolltreppe einen Stock höher wollte. Dort sah ich in der Elektroabteilung kleine Radios, nicht größer als eine Zigarettenschachtel. Mit Mittelwelle und UKW. Der Klang war nicht allzu gut, aber vertretbar. So etwas gab es bei uns in Deutschland noch nicht. Ich kaufte zwei Stück, eins für Brigitte und eins für meine Schwester.

Es wurde langsam dunkel. Horst sagte: »Lass uns in der Nähe vom Hafen eine Bar aufsuchen und ein Bier trinken.« Wir fanden eine aus Holz gebaute Bar in der Nähe des Hafeneingangs.

Das Wetter änderte sich erneut. Es fing an zu regnen und zu schneien. Wir flüchteten in die Bar. In der Bar strömte uns warme Luft entgegen. Ich sah, dass hier mit einem Petroleumofen geheizt wurde. Die offene Flamme wurde nur von einem Gitter geschützt. Wir setzten uns an die Bar und bestellten ein Bier. Ich stellte fest, dass wir die einzigen Gäste hier waren. Wir bestellten uns noch ein weiteres Bier.

Plötzlich fing eines der Mädchen an zu schreien: »Feuer! Feuer!« Ich sah, dass der Barmann nach der Feuerwehr telefonierte. Das Feuer breitete sich schnell aus. Die Flammen stiegen in den ersten Stock, wo die Mädchen ihre Zimmer hatten. Sie liefen nach oben, um ihr Hab und Gut zu retten. Horst und ich sahen uns an, nickten und stürmten mit den Mädchen nach oben.

Sie zogen aus dem Kleiderschrank ihre Kleider und Mäntel heraus und liefen die Treppe herunter nach draußen. Horst und ich machten das gleiche, schnappten uns Kleider und Schuhe und folgten ihnen nach. Inzwischen brannte schon das Haus. Man hörte bereits von weitem das Martinshorn der Feuerwehr.

Ein paar Minuten später war sie da. Viel war nicht mehr zu löschen. Das Haus war niedergebrannt. Die Mädchen bedankten sich bei uns, dass wir ihre Kleidung gerettet haben. Ich sagte zu Horst während wir an Bord gingen: »Da haben wir heute eine gute Tat getan.«

Am nächsten Morgen liefen wir wieder aus, Richtung Yokohama. Wir verließen die Bucht von Kobe und fuhren in den Pazifischen Ozean. Das Wetter hatte sich nicht geändert. Es regnete mit Schnee, aber die See hatte sich beruhigt.

Wir erreichten spät in der Nacht Yokohama. Wir wurden vom Lotsen und den Schleppern empfangen und kurze Zeit später lagen wir fest an der Pier. Inzwischen hatte es so stark geregnet, dass die Luken nicht geöffnet werden konnten, ohne die Ladung zu beschädigen. Die Schauerleute warteten in den Hallen, bis der Regen aufhörte. Sie wollten mit landseitigen Kränen löschen. Für mich hieß das, dass ich mich in meine Koje legen konnte.

Am nächsten Morgen kamen die Schauerleute in aller Frühe an Deck. Ich sah aus dem Bullauge, dass es nicht mehr regnete. Es war noch dunkel draußen und zum Frühstücken war es noch zu früh. Also legte ich mich noch einmal in die Koje.

Beim Frühstück sah ich, dass die Sonne schien und der Regen sich verzogen hatte. Heute wollte ich mit dem 3. Ing. und seinem Assi. Tokyo besuchen. Der Chief hatte mir grünes Licht gegeben. Ich holte mir YEN und einen Landgangsausweis vom Funker und machte mich landfein. Ich zog mich entsprechend dick für das Winterwetter an.

Wir marschierten von Bord und nahmen das nächste Taxi zum Hauptbahnhof von Yokohama. Wir hatten Glück. Der Schnellzug nach Tokyo fuhr kurz nachdem wir unsere Fahrkarten gekauft hatten, in den Bahnhof ein. Eine halbe Stunde später waren wir im Hauptbahnhof von Tokyo.

Ich hatte in einem Reiseführer von Tokyo gelesen, dass man unbedingt den Tempel Asakusa, den Meiji-Schrein und den Aussichtsturm besichtigen sollte. Der Aussichtsturm von Tokyo sieht aus wie der Eiffelturm in Paris, nur dass er einen Meter höher sein soll. Wir besprachen die Reihenfolge der Besichtigung, winkten uns ein Taxi heran und erklärten ihm, wo wir hinwollten.

Der Tempel Asakusa liegt in einem großen Park in Tokyo und wird auch Senso-ji-Tempel genannt, der Tempel des ‘niedrigen Grases’.

*Abb. 70 Der Tempel des 'niedrigen Grases'.*

Der Park war überfüllt mit Besuchern, die sich langsam dem Tempel näherten. Rechts und links des Weges standen Verkaufsbuden, geschmückt mit Lampions. Die Verkaufsflächen waren bestückt mit Souvenirs. Von weitem konnten wir den Tempel mit seiner fünfstöckigen Pagode sehen.

Ein großartiger Anblick, nachdem wir den Tempel erreicht hatten und ihn umwandert hatten, sagte ich: »Es ist genug, ich habe Hunger. Lasst uns zum Ausgang gehen.«

In der Hauptstraße fanden wir ein Restaurant. Die Speisekarten waren in Japanisch und Englisch beschriftet, so konnten wir ohne Schwierigkeiten die Speisen bestellen. Probleme gab es nur mit dem Besteck. Die Stäbchen tauschte die Bedienung gegen Messer und Gabeln aus. Ein Taxifahrer brachte uns zum Meiji-Schrein, mitten in der Stadt Tokios gelegen.

*Abb. 71 Im Eingang zum Meiji-Schrein steht ein Japanisches Tor.*

Im Eingangsbereich stand ein großes japanisches Tor und ein großer Park mit 120.000 immergrünen Bäumen, die von den Japanern beim Bau des Schreins gespendet wurden. Dieser große Wald und der Schrein werden von vielen Menschen besucht, meistens aus religiösen Gründen. Wir gingen durch das große japanische Tor in den Park. Schilder zeigten uns den Weg zum Meiji-Schrein.

»Der Schrein befindet sich im Gebäude«, sagte uns der Taxifahrer. Nach zehn Minuten sahen wir das Gebäude.

*Abb. 73 Das Gebäude des Meiji–Schrein*

Das Dach war mit Kupfer belegt. Wir besichtigten den Schrein, wussten jedoch nicht, ob wir die Schuhe ausziehen mussten oder nicht. Wir machten es vorsichtshalber. Danach wollten wir zurück in die Stadt zum Aussichtsturm. Taxis kamen hier ständig und brachten oder nahmen Gäste mit. Eins davon nahmen wir. Es wurde langsam dunkel, die Reklameschilder waren schon an.

Also genau die richtige Zeit, um die beleuchtete Stadt Tokio vom Aussichtsturm aus zu sehen «, sagte ich. »Vor dem Eingang an der Kasse stand auch hier eine Schlange von Menschen. Nach zehn Minuten bekamen wir unsere Karten und liefen zum Aufzug, um nach oben zu fahren.«

Oben angekommen, war der Ausblick beeindruckend. Die Straßenbeleuchtung und die Reklameschilder leuchteten, man konnte auch weit ins Hinterland hineinsehen. »Leider waren alle meine dort aufgenommenen Fotos verwackelt«, sagte ich, »entweder wackelte der Turm oder meine Hand. Ich habe leider keine Aufnahme von oben, die zeigen könnte, wie beeindruckend der Blick von oben war.«

Für heute reichte es, wir fuhren mit dem Schnellzug zurück nach Yokohama. Wir nahmen uns vor, bevor wir an Bord gehen, in einer Bar noch ein Bier zu trinken.

Am nächsten Tag liefen wir aus Weg nach Kobe, wo wir drei Tage bleiben sollten. Das Wetter war kalt und es regnete und schneite. Das Wetter hier ist genauso wie bei uns in Deutschland, vor Weihnachten dachte ich.

Am Nachmittag erreichten wir die Bucht von Kobe. Der Lotse und die Schlepper warteten schon auf uns und brachten uns an die Pier. Dort wartete der Porzellanhändler mit Kisten und Tüten auf uns.

Er hatte ein junges Mädchen dabei, das ihm half, die Kisten an Bord zu bringen. Auch meine bestellten Waren seemäßig in Holzkisten verpackt und beschriftet waren dabei. Die Rechnung gab ich dem Funker, der sie von meinem Bordguthaben beglich.

Beim Frühstück sagte der 3. Ing., dass er zum berühmten Goldenen Pavillon fahren wolle. Der Chief wollte auch mit mitfahren und fragte mich, ob ich ebenfalls mitkommen wollte. Ich willigte ein und der Chief hatte nichts dagegen. Ich holte mir vom Funker japanische YEN und einen Landgangsausweis, machte mich fertig für den Landgang und schloss mich der Gruppe an.

Wir stiegen am Bahnhof in den Zug nach Kyoto ein, die alte Kaiserstadt. Laut Fahrplan sollte die Fahrt dorthin eine halbe Stunde dauern.

In Kyoto angekommen, standen Taxis am Bahnhofausgang bereit. Wir sagten dem Fahrer, dass wir zum Goldenen Pavillon wollten. Er nickte und fuhr los. Der Goldene Pavillon ist bekannt als Tempelanlage, die oberen Stockwerke sind vollständig mit Blattgold überzogen, daher wird er als 'Goldener Pavillon' bezeichnet. Die Tempelanlage befindet sich in einem See inmitten eines großen Parks mit alten Bäumen und Sträuchern. Fußwege zum Tempel sind mit Bänken versehen, um den Park zu genießen.

*Abb. 74 Kinkaku, der Goldene Pavillon*

Kleine Schilder wiesen uns den Weg zum Pavillon und wir erreichten ihn nach kurzer Zeit. Wir wollten ihn von innen besichtigen, aber er war wegen Renovierungsarbeiten geschlossen. Wir setzten uns auf eine Bank, um zu beraten, was wir als nächstes tun wollten. Als ich auf meine Armbanduhr schaute, bemerkte ich, dass es Mittagszeit war. Ich schlug vor, dass wir ein Restaurant suchen und Mittagessen gehen sollten, was allgemeine Zustimmung fand.

Wir gingen aus dem Park in Richtung Stadt, um ein Restaurant zu finden. Als wir eintraten, bemerkten wir, dass der Raum wenig besetzt war und bekamen noch einen Tisch am Fenster. Eine junge Kellnerin brachte uns die Speisekarte, aber sie war auf Japanisch und für uns unlesbar.

Wir bestellten einfach eine Nummer auf der Speisekarte in der Hoffnung, dass es essbar wäre. Die Gerichte, die uns serviert wurden, waren mir unbekannt. Wir sahen uns an und beschlossen, es zu versuchen. Die Kellnerin hatte uns Stäbchen gebracht, aber ich hielt sie falsch herum. Sie sah meinen verzweifelten Blick und brachte uns Messer und Gabeln. Ich bedankte mich bei ihr und wir konnten das Essen genießen, obwohl wir nicht wussten, was wir aßen. Nach dem Essen zahlten wir und baten sie, ein Taxi für uns zu bestellen.

Kurz darauf kam das Taxi und als wir hinausgingen, bemerkten wir, dass sich das Wetter verändert hatte und es in Strömen regnete. Wir stiegen schnell ins Taxi und baten den Fahrer, uns zum Bahnhof zu bringen. Als wir wieder am Bahnhof in Kobe ankamen, schlug der Chief vor, noch in eine Bar zu gehen und ein Bier oder einen Reisschnaps oder beides zu trinken. Ich fand das eine gute Idee und wir blieben länger als geplant in der warmen und gemütlichen Bar. Niemand wollte zurück an Bord.

Wir verließen Kobe am nächsten Morgen. Unser nächster Hafen war Hongkong. Wir waren jetzt auf der Heimreise und hatten Glück, Weihnachten in Ruhe auf See zu feiern. Silvester wollten wir in Hongkong sein und dort feiern.

Am 24. Dezember spürte ich Hektik in der Küche und bei den Stewards. Die Küche wollte ein ganz besonderes Festessen zubereiten. Der Messe-Steward schmückte die Messe und stellte den von Deutschland mitgebrachten Weihnachtsbaum auf. Er brauchte ihn nicht festbinden, wir hatten eine ruhige See. (Nicht so wie auf der MS Liebenstein in der stürmischen Biskaya, wo das Festessen durch den schweren Seegang so gut wie unmöglich gewesen war.)

Zum Abendessen zog ich meine blaue Ausgehuniform an und ging in die festlich geschmückte Offiziersmesse. Auch die Tische waren geschmückt. Vor dem Tannenbaum stand ein großer Topf mit warmem Glühwein. Das ist Tradition bei den NDL-Schiffen. Weihnachten wird in den kalten Ländern (Winter) der Rotwein warm getrunken und in den warmen Ländern gekühlt.

Der Steward servierte uns ein dreigängiges Menü. Das Festessen war großartig zubereitet. Der Koch hatte sich übertroffen, und bei unserer nächsten Begegnung werde ich ihm das sagen. Nach dem Essen verteilte der Funker die von den Angehörigen gesendeten Telegramme.

Nachdem wir die Weihnachtswünsche gelesen hatten, herrschte Ruhe. Jeder dachte an seine Familie oder Freundin. Die Kollegen, die Kinder hatten, fanden Weinachten ohne ihre Familie besonders schlimm. Der heiße

Glühwein vertrieb die traurige Stimmung. Der 3. Ing. und sein Assi. machten sich vorzeitig fertig, um die 4-8-Uhr-Wache abzulösen.

Wir liefen am 30. Dezember in Hongkong ein. Der Schneider und der Mann mit der Truhe warteten schon an der Pier. Meine Anzüge hatte er auf einem Kleiderbügel auf einer Trage dabei. Nachdem er an Bord war, probierte ich die Anzüge an. Sie saßen wie angegossen. Als kleines Dankeschön bekam er von ihm einen Ledergürtel dazu. Die Truhe brachte ich gleich in den Rudermaschinenraum. Die Rechnungen gab ich unserem Funker, der am Nachbartisch saß. Er bezahlte sie von meinem Bordkonto.

Ich fragte den Chief, ob er noch einmal für eine Stunde an Land gehen könne. Ich hatte dort ein Kleid aus Samt mit einer großen Blume auf dem Rock gesehen. Es hatte seitlich einen langen Schlitz. Der Chief sagte: »Alles klar, gehe nur.« Ich wusste, in welchem Laden ich das Kleid im Schaufenster gesehen hatte.

Ich fand den Laden auch gleich wieder und fragte die Verkäuferin, ob es dieses Kleid auch in einer großen Größe gibt. » und zeigte auf das Kleid im Schaufenster. Die Verkäuferin holte ein Kleid aus dem Nachbarraum und sagte: »Diese Größe passt einer Frau von 170 cm.« Ich sagte: »Gut, ich kaufe das Kleid.« Die Verkäuferin packte es in eine Tasche mit chinesischen Motiven, ich bezahlte und ging wieder an Bord.

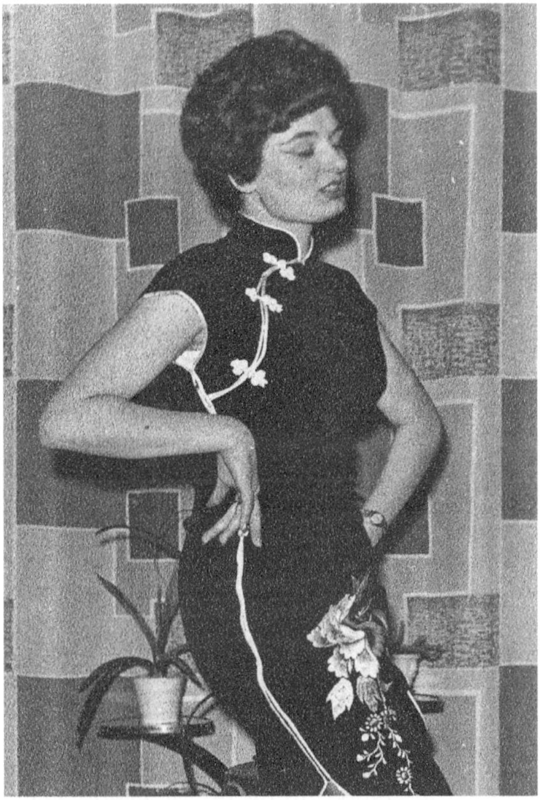

*Abb. 75 Brigitte in dem Kleid aus Hongkong*

Am Silvesterabend zogen wir wieder zur Feier des Tages unsere blauen Uniformen an. Die Küche hatte ein festliches Menü gezaubert und für Mitternacht waren eingelegte Heringe mit Kartoffelsalat vorgesehen. Die Getränke besorgten wir uns vom Chief-Steward, diverse Flaschen Wein und damit der Geschmack besser wird, auch eine Flasche Gin. Jeder brachte von seinen Utensilien wie Salzzangen oder Kekse mit. Der 2. Offiz. und ich mixten in einem emaillierten Eimer unser Silvester-Getränk.

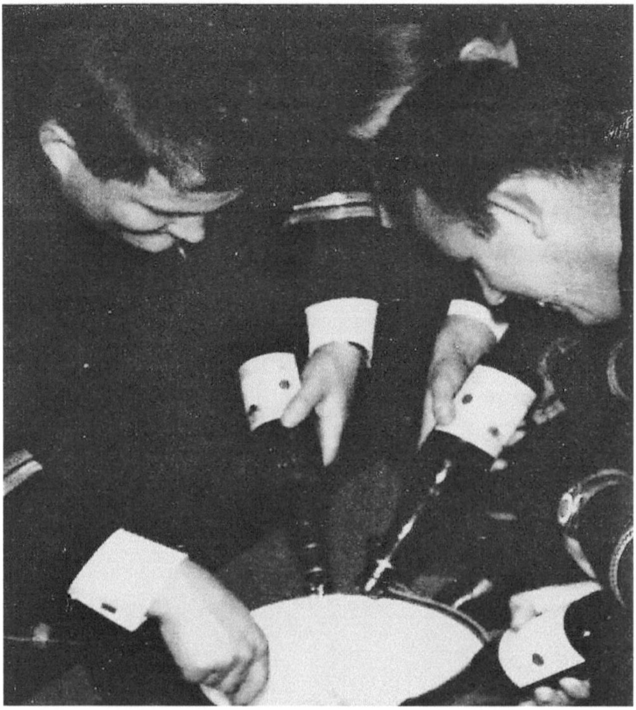

*Abb.76 Der Silvester-Punsch wird vom 2.Offiz. und mir in einem Eimer zubereitet*

Der Chief machte uns eine erfreuliche Mitteilung: »Unsere Frauen dürfen in Genua an Bord kommen und bis Hamburg oder Bremen mitfahren. Die Fahrkarten mit der Bahn nach Genua können sie beim NDL in Bremen abholen.«

Das war ja eine erfreuliche Mitteilung, ich wollte das Brigitte schreiben. Um 24 Uhr gingen wir an Deck. Über Hongkong wurde ein Feuerwerk abgeschossen. Alle Schiffe, die im Hafen lagen, hatten ihr Typhon angestellt. Es war ein fürchterlich schöner lauter Krach zu hören. Wir wünschten uns alles Gute zum neuen Jahr und immer eine gute Fahrt. Danach gingen wir wieder in die

Messe, um unsere Getränke und die Heringe und den Kartoffelsalat zu essen.

Am nächsten Tag liefen wir aus nach Cebu, Philippinen. Wir fuhren vom Ostchinesischen Meer in den Pazifischen Ozean, dann in die Philippinensee nach Cebu. Wir erreichten Cebu, Philippinen, nach drei Tagen. Wir legten uns auf Reede. Hier in Cebu gibt es keinen Hafen für große Schiffe. Gelöscht wird hier mit längsseits kommenden Schuten. Hier sollten wir Kobra (zerkleinerte Kokosnuss) laden.

Unser Agent hier in Cebu kam mit einem Boot und teilte uns mit, dass die Schuten frühestens in drei Tagen kommen würden. Der Kapitän erlaubte uns, eine Fährverbindung mit unserem Arbeitsboot zum Land herzustellen.

Der 3. Ing. sagte beim Frühstück: »Ich war schon einmal hier in Cebu und kenne mich hier aus. Ich könnte euch die schönsten Stellen von Cebu zeigen. Wer mitkommen möchte, kann sich anschließen.« Auch unser Chief wollte mit und sagte: »In Cebu war ich noch nicht gewesen.« Ich ging zum Funker, um mir Geld und einen Landgangsausweis zu holen. Er sagte, dass es den nicht gibt und dass wir unser Seefahrtsbuch mitnehmen müssen.

Das Arbeitsboot brachte uns an einen kleinen Steg, dort stiegen wir aus. Der Bootsführer sagte: »Wenn ihr zurückwollt, müsst ihr pfeifen oder winken, dann hole ich euch.« Der 3. Ing. sagte: »Folgt mir zur Bushaltestelle«, er wusste auch, in welchen Bus wir einsteigen mussten. Wir fuhren vorbei an Reis- und Ananasfeldern bis zu einem kleinen Dorf. Dort stiegen wir aus und fragten den

Busfahrer, wann er wieder zurückfährt. Er versuchte mit Händen und Füßen uns die Uhrzeit zu sagen, aber wir verstanden ihn nicht. Genervt schrieb er auf einem Zettel die Uhrzeit auf.

Was ich sah, waren einfache Hütten auf Stelzten direkt am Wasser und umgeben von Palmen.

*Abb.77 Einfache Fischerhütte auf Stelzten*

Die Kinder liefen barfuß in dem Matsch. Zusammen mit Schweinen, Hühnern und sonstigem Getier. Ich war froh, dass ich meine Kamera dabeihatte. Die Leute nahmen keine Notiz von uns, wenn ich sie fotografierte. Entweder kannten sie das schon, oder es war ihnen egal.

Der 3. Ing. sah auf seine Armbanduhr und sagte: »Wir müssen zur Bushaltestelle.« Der Bus kam wirklich zur angegebenen Zeit. Als er uns erkannte, hupte er und wir winkten ihm zu. Nach einer halben Stunde Fahrt waren wir wieder am Hafen. Von der Bushaltestelle bis zum Hafen wurden wir von schreienden Kindern begleitet.

Am Steg angekommen, lag das Boot schon dort, mit mehreren Kollegen an Bord. Der Bootsführer sagte: »Ihr passt noch hinein, dann ist das Boot voll.«

Wir stiegen ein, der Bootsführer legte ab, als noch zwei angelaufene kamen und riefen: »Halt, nehmt uns mit!«

*Abb. 78 Große Wäsche*

Der Bootsführer sagte: »Wir sind voll, ich komme gleich wieder zurück.« Sie hörten nicht darauf, nahmen Anlauf und sprangen auf das Boot. Da wir schon abgelegt hatten, sprangen sie zu kurz auf die Reling. Das Boot kippte um, alle fielen ins Wasser. Das Boot schwamm jetzt mit dem Kiel oben.

Ich tauchte unter und versuchte hochzukommen und stellte fest, dass ich stehen konnte. Mein Kopf ragte aus dem Wasser. Ich sah, ich war unter dem Boot in einer Luftblase, so konnte ich wenigstens atmen. Ich hörte die Schreie der Kollegen, das Boot wieder aufzurichten. Nach mehreren Anläufen klappte es dann.

Der Bootsführer versuchte den Motor zu starten, er sprang sofort an. Wir alle waren durchnässt. Die Hälfte der Anwesenden stieg wieder ins Boot und fuhr zu unserem Schiff.

An Bord sah ich, dass mein Seefahrtsbuch durchnässt war. Zum Teil hatte sich die Tinte von den Eintragungen verlaufen. Ich wurde immer wieder vom Funker gefragt, wenn ich auf ein anderes Schiff anmusterte: »Was ist mit deinem Seefahrtsbuch passiert?«

Am nächsten Morgen kamen die Hafenarbeiter mit ihren Schuten längsseits, früher als wir dachten. Sie fingen gleich mit dem Löschen der Kopra mit unserem Ladegeschirr an. Die Kopra stank fürchterlich nach ranzigem Fett. Unsere Lüfter für die Luken liefen Tag und Nacht, auch später auf See noch. Unsere Bullaugen und Kammertüren hatten wir geschlossen.

*Abb. 79 Die jungen Mädchen tauchten nach unserer Seife*

Während der Löscharbeiten näherte sich ein kleines Boot mit Ausleger, in dem zwei Mädchen saßen. Eine der beiden hatte ein Kleid an und war barfuß. Sie winkten uns zu und zeigten immer ins Wasser, so lange, bis wir verstanden, wir sollten Seife ins Wasser werfen. Dann würde sie tauchen und die Seife wieder hoch holen.

Am nächsten Tag liefen wir aus durch das Südchinesische Meer Richtung Singapur. Singapur erreichten wir am frühen Morgen. Dieses Mal kam gleich der Lotse und Schlepper, sodass wir in kurzer Zeit fest an der Pier lagen. Von den Rattan Händlern war an der Pier nichts zu sehen.

Ich sagte dem Chief, dass ich in die Stadt müsste, da meine bestellten Rattan-Stühle noch nicht an der Pier angekommen waren. Ich bin in einer Stunde wieder zu-

rück. Er sagte: »Alles klar, viel Erfolg.« Ich traf den Händler in seinem Geschäft an.
In seinem Verkaufsraum sah ich die Stühle gut verpackt stehen. Er sagte, er hätte auf mich gewartet und könnte mit den Stühlen in einer Stunde am Schiff sein. Ich nannte ihm noch einmal den Namen unseres Schiffes, bezahlte die Stühle und verließ den Raum.

Ich dachte, wenn ich schon mal hier bin, kann ich auch beim Markt vorbeigehen und meine Suppenfrau besuchen. Aber ich fand sie nicht. Schade, ihre Suppe mit dem tollen Geschmack werde ich nicht vergessen.

Der Rattan Händler hielt Wort und brachte die Stühle und den Tisch bis an die Gangway heran. Ich stellte sie in den Rudermaschinenraum, nachdem ich sie mit meinem Namen beschriftet hatte.

Am nächsten Tag liefen wir aus und durchfuhren die Malakka Straße zum Golf von Bengalen. Weiter ging es ins Arabische Meer und in den Golf von Aden nach Dschibuti.

Die Leser werden sich wundern, dass ich oft Landgang hatte. Das hängt damit zusammen, dass wir zu 75% der Reisen auf See sind und nur 25% in den Häfen. Auf See fällt selten etwas an, über das ich schreiben könnte. Das kann ich nur bei meinen Ausflügen an Land.

Die Chiefs auf den Schiffen wussten, dass ich meine E-Anlagen im Griff habe. Wenn ich einen E-Assi. an Bord hatte, ist immer einer von uns an Bord geblieben. Die Ladewinden, die in den meisten Häfen benötigt wurden, wurden während der Fahrt kontrolliert oder überholt. Während meiner Fahrzeit auf den NDL-Schiffen ist mir noch nie während des Ladebetriebs etwas ausgefallen. Bei meinem täglichen Rundgang auf dem Schiff wurden alle wichtigen Geräte kontrolliert. So habe ich manchen Ausfall frühzeitig erkannt und Gegenmaßnahmen eingeleitet. Deshalb hatten die Chiefs Vertrauen in meine E-Anlage und in mich, sodass sie mir oft erlaubt haben, an Land zu gehen.

Nach Tagen erreichten wir die Bucht von Dschibuti und legten uns auf Reede. Ich hörte vom 3. Offiz., dass wir hier Kühe laden werden, die wir nach Suez bringen sollen«, »Sie werden mit Schuten gebracht und mit unserem Ladegeschirr an Deck geholt.«

»Am nächsten Morgen kamen die Schuten mit den Kühen«, berichtete ich weiter. »Das Brüllen der Kühe konnte man schon von Weitem hören. Die Schuten machten seitlich an unserem Schiff fest und kletterten an der Strickleiter an Bord. Mit unserem Ladegeschirr wurden dann die Kühe zu zweit an Bord gehievt, jeweils mit einem Strick um den Bauch. Die Hafenarbeiter gingen mit den Tieren grausam um«, fuhr ich fort. »Sie schlugen mit Knüppeln auf die Tiere ein. Das Brüllen der gequälten Tiere war nicht auszuhalten.«

Bis alle Tiere an Bord waren, und wir losfahren konnten, war es Nacht geworden. Zwei Hafenarbeiter blieben an Bord zur Betreuung der Tiere.

Abb. 80 Je zwei Tiere wurden mit eine Strick um den Bauch, an Bord gehoben.

Abb. 81 Tiere stehen dicht an Bord.

*Abb. 82 Tote Tiere wurden im Roten Meer entsorgt.*

Wir lichteten den Anker und liefen aus der Bucht von Dschibuti in das Rote Meer. Morgens wurden die toten Tiere aussortiert und mit unserem Ladegeschirr im Roten Meer entsorgt. Während der Fahrt nach Suez bekamen die Tiere kein Wasser oder Heu zum Fressen. Wenn ich morgens meine Runde zur Rudermaschine machte, musste ich über die Luken zur Rudermaschine klettern. Denn das Deck war voll mit Kühen und Kuhfladen.« Ich machte die Tür zur Rudermaschinenraum auf, da stand unser Wäscher Fritz. Er sagte: »Ich gehe an den Kühen nicht vorbei, ich habe Angst vor denen.« Ich antwortete: »Wenn du keine roten Kleider anhast, kann dir nichts passieren.«

Wir kletterten über die Luken zur Küche, wo er sich sein Frühstück holte. Die Decksleute spritzten mit dem Seewasserschlauch zwischen den Kühen die Kuhfladen so gut es ging vom Bord. Auch diese Fahrt ging mal zu Ende, am frühen Morgen erreichten wir Suez, wir legten uns auf Reede. Nach einer Stunde kamen die Schuten.

Das Entladen der Tiere ging ähnlich wie die Beladung in Dschibuti vor sich, die Tiere brüllten wie am Spies, beim Entladen, es wurde nach wie vor keine Rücksicht beim Verladen der Tier genommen, die Kühe wurden mit Knüppeln zusammengetrieben und mit dem Strick um den Bauch verladen in die Schuten.

Unser Agent kam mit den Lotsen an Bord und brachte unsere Post mit. Für mich war auch einer dabei von Brigitte. Sie schrieb, dass sie nach Genua kommt, zusammen mit den Frauen der Kollegen. Die Fahrkarten waren so vom NDL gekauft worden, dass unsere Frauen von der Maschinen -abteilung der MS Ravenstein in einem Abteil saßen.

*Abb. 83 Die Kühe wurden bei der Entladung in Suez mit dem Stock zusammengetrieben, sie brüllten vor Angst und Schmerzen.*

Kaum waren die Tiere von Bord, lichteten wir den Anker und fuhren zur Sammelstelle. Die Decksleute scheuerten und putzten das Deck, der Geruch war noch tagelang vorhanden. Von der Brücke erfuhr ich, dass wir keinen Scheinwerfer benötigen - ein Glück - und wir brauchen auch nicht in den Bittersee. Wir fuhren durch bis Port Said.

Das Mittelmeer empfing uns mit schönem, ruhigem, aber kaltem Wetter. Das Wetter wäre gut für Brigitte, wenn es so bliebe, denn sie wird schon bei leichtem Seegang seekrank. Später auf unserem Segelboot wurde sie auch seekrank, obwohl sie Tabletten gegen Seekrankheit einnahm.

Unsere Fahrt geht jetzt nach Genua, Italien. Ich hoffe, dass Brigitte schon an der Pier steht.

Am Nachmittag erreichten wir Genua. Nachdem wir festgemacht hatten, sahen wir unsere Frauen, die sich angeregt an der Pier unterhielten. Nachdem die Gangway unten war, kamen sie an Bord. Oben an Deck nahm ich ihr das Gepäck ab. In der Kammer sagte Brigitte: » ringen wir das erstmal in meine Kabine.«

»Ich habe die Frauen von deinen Kollegen kennengelernt. Wir saßen alle im gleichen Abteil. Es war eine lustige Fahrt«, erzählte sie. Inzwischen war Mittag geworden und ich ging mit Brigitte in die Offiziersmesse zum Essen.

Der Steward sagte uns, was es heute zu essen gibt, und holte die von uns ausgesuchten Speisen aus der Küche. Wir lagen nur eine kurze Zeit in Genua. Am nächsten Morgen liefen wir aus. Wir fuhren in den Golf von Genua, von dort aus ins Mittelmeer, durch die Straße von Gibraltar, weiter in die Biskaya und dann in den Ärmelkanal und in die Nordsee.

Unsere Damen fühlten sich wohl an Bord. Das änderte sich, als wir in die Biskaya einliefen. Der Wind wurde stärker, das Schiff stapfte in den Wellen. Man merkte, dass wir in der Biskaya waren. Wenn man bedenkt, was ich hier in der Biskaya schon für einen starken Seegang erlebt hatte, hoffe ich, dass unsere Frauen das gut überleben. Brigitte hielt sich schön tapfer, aber mittags wollte sie nichts essen.

Die Frau vom 3. Ing. wollte morgens nicht aufstehen. Ihr ging es nicht gut. Ihr Mann hatte ihr einen Eimer an die Koje gestellt, während er auf Wache war. An ein Mittagessen war überhaupt nicht zu denken.

Erst im Ärmelkanal beruhigte sich das Wetter, der Wind und die Wellen wurden weniger, dafür fuhren wir in eine Nebelwand. Unser Typhon gab alle Minute einen langen

Ton von sich, und unsere Hauptmaschinen liefen mit halber Kraft.

Ich traf den 2. Offiz., der sagte, durch den dicken Nebel kämen wir verspätet in Bremerhaven an. Als ich das Brigitte sagte, meinte sie, dass sie ihren Chef anrufen müsste, um ihm mitzuteilen, dass sie durch den Nebel später kommen würde. Wir gingen zum Funker, der eine Telefonverbindung zu ihrem Chef herstellte. Dieser sah das ganz locker und meinte, einen Tag mehr spiele keine Rolle, erholen Sie sich gut.

Wir kamen am frühen Morgen in der Außenweser an. Der Lotse kam an Bord und brachte uns an die Pier im Hafen. Brigitte hatte schon ihre Tasche gepackt und wollte gleich nach dem Mittagessen zum Bahnhof. Nach dem Essen sagte ich dem Chef, dass ich Brigitte zum Bahnhof bringen würde. Er sagte »Alles klar, bis später.« Wir gingen zum Hafenausgang. Sie sagte zu mir: » Kannst du schon ein Taxi besorgen? Ich komme gleich nach.« Sie ging am Zoll vorbei, die Beamten sahen, dass sie eine Tasche hatte, und winkten sie herein.

Brigitte musste ihre Tasche auspacken. Der Zollbeamte hatte Langeweile, sodass er jedes Wäschestück in die Hand nahm, hochhielt und seinen Kollegen zeigte. Ein allgemeines Gelächter war die Folge, besonders bei ihrem rosafarbenen Schlafanzug. Sie durfte alles wieder einpacken und verließ schnell den Raum.

Inzwischen hatte ich ein Taxi besorgt. Wir stiegen ein und fuhren zum Bahnhof. Unterwegs erzählte sie mir, was ihr beim Zoll passiert war. Brigitte kaufte sich eine Fahrkarte nach Bremen und wir gingen zum Bahnsteig.

Ich sagte ihr, dass wir in fünf Tagen in Bremen sein würden und dann Zeit hätten, in den Urlaub zu fahren.

Wenig später kam ein Zug, der nach Bremen fuhr. Sie stieg ein, ich winkte ihr zu und ging zum Bahnhofsausgang zum Taxistand und fuhr zurück an Bord. Bevor ich an Bord ging, telefonierte ich mit Günter in Bremen, dem Freund meiner Schwester Helga, und fragte ihn, ob er einen Bully besorgen könnte, um meine Mitbringsel, die Rattan Stühle aus Singapur, die Truhe aus Hongkong und das Geschirr aus Japan, im Überseehafen in Bremen abzuholen. Er sagte zu.

An Bord wieder angekommen, hörte ich, dass wir am nächsten Tag auslaufen würden, und zwar nach Hamburg.

Am frühen Morgen verließen wir Bremerhaven. In der Außenweser verließ uns der Lotse. Wir fuhren in die Nordsee bis nach Cuxhaven. Dort kam der Lotse für Hamburg an Bord. Nach fünf Stunden Fahrt erreichten wir den Hamburger Hafen. Hier im Hamburger Hafen wurde Tag und Nacht gelöscht, sodass sie nach zwei Tagen fertig waren. Um Mitternacht liefen wir aus nach Bremen.

In der Außenweser kam der Lotse an Bord, und nach vier Stunden Fahrt auf der Weser erreichten wir den Überseehafen von Bremen. Wenig später lagen wir fest an der Pier. Der E-Inspektor und meine Schwester und Günter und Brigitte warteten auch dort. Ich rief ihnen zu, sie möchten rauf kommen und in meiner Kammer warten, Brigitte würde sich da ja auskennen.

Der E-Inspektor sagte, ich würde ein anderes Schiff bekommen, die MS Lahnstein, als 1. Elektriker. Es fährt zu den Großen Seen nach Kanada. Ich sagte ihm, dass ich noch eine Reise machen wollte, dann mir eine Arbeitsstelle an Land suchen werde. Er sagte: »Schade, wir hatten noch viel mit Ihnen vor.«

Ich übergab ihm mein Kündigungsschreiben, das er wortlos in seine Tasche steckte. Ich sollte so lange an Bord bleiben, bis die Ablösung kommt, dann könnte ich in Urlaub gehen.

Ich ging in meine Kammer, die drei warteten schon auf mich. Ich erzählte ihnen die Neuigkeiten der Beförderung und dass ich abmustere und ein neues Schiff, die MS Lahnstein, bekomme. Ich sagte zu Günter: »Wollen wir meine Utensilien in den Wagen laden?« Er antwortete, er würde den Wagen holen und hier vorne an die Pier fahren.

Nachdem die Drei wieder gegangen waren, suchte ich meine Utensilien zusammen und packte sie in meinen Koffer. Ich verabschiedete mich von den Kollegen, besonders von Horst, und ging in meine Kammer, um zu packen.

Am nächsten Morgen kam meine Ablösung. Ich machte einen Rundgang mit ihm. Ich zeigte ihm die anfälligen E-Motoren und sagte ihm, dass ich während der Heimreise alle Winden durchgesehen und überholt hatte. Ich sagte ihm auch, dass er auf dem Generator 4 aufpassen müsse, ihn öfters reinigen und die Isolation durchmessen müsse. Der E-Inspektor wusste Bescheid darüber, dass er in der Werft repariert werden müsse.

Inzwischen war es Mittag geworden, wir gingen in die Messe. Ich stellte den anwesenden Kollegen den neuen Kollegen vor. Ich sagte unserem Steward, er solle meine Kammer reinigen und das Bett neu beziehen. Nach dem Mittagessen nahm ich meinen Koffer, wünschte dem neuen Elektriker gute Fahrt und ging schweren Herzens von Bord. Auf der MS Ravenstein haben wir uns alle gut verstanden, deshalb fällt mir der Abschied so schwer. Aber mit dem nächsten Schiff, der MS Lahnstein, werde ich neue Abenteuer in den mir unbekannten Land Kanada erleben.

# MS Lahnstein

Abb. 84 MS Lahnstein

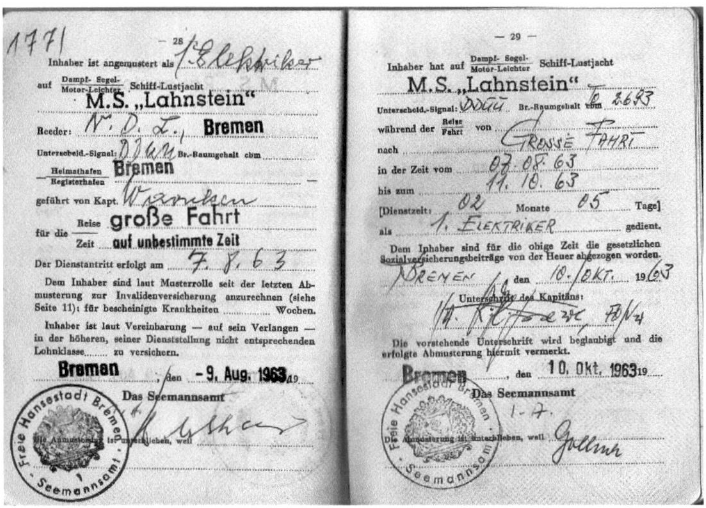

1771

– 28 –

Inhaber ist angemustert als 1. Elektriker

auf Dampf- Segel- Motor-Leichter Schiff-Lustjacht

M.S. „Lahnstein"

Reeder: N. D. L., Bremen

Untersch.-Signal: DJAN Br.-Raumgehalt cbm

Heimathafen / Registerhafen Bremen

geführt von Kapt. Warnken

für die Reise / Zeit große Fahrt auf unbestimmte Zeit

Der Dienstantritt erfolgt am 7. 8. 63

Dem Inhaber sind laut Musterrolle seit der letzten Abmusterung zur Invalidenversicherung anzurechnen (siehe Seite 11): für bescheinigte Krankheiten ........ Wochen.

Inhaber ist laut Vereinbarung — auf sein Verlangen — in der höheren, seiner Dienststellung nicht entsprechenden Lohnklasse ...... zu versichern.

Bremen, den -9. Aug. 1963

Das Seemannsamt

Freie Hansestadt Bremen · Seemannsamt

Die Anmusterung ist unterblieben, weil

– 29 –

Inhaber hat auf Dampf- Segel- Motor-Leichter Schiff-Lustjacht

M.S. „Lahnstein"

Untersch.-Signal: DDGU Br.-Raumgehalt cbm 2693

während der Reise / Fahrt von Grosse Fahrt

nach

in der Zeit vom 07. 08. 63

bis zum 11. 10. 63

[Dienstzeit: 02 Monate 05 Tage]

als 1. Elektriker gedient.

Dem Inhaber sind für die obige Zeit die gesetzlichen Sozialversicherungsbeiträge von der Heuer abgezogen worden.

Bremen, den 10. Okt. 1963

Unterschrift des Kapitäns:

Die vorstehende Unterschrift wird beglaubigt und die erfolgte Abmusterung hiermit vermerkt.

Bremen, den 10. Okt. 1963

Das Seemannsamt

Freie Hansestadt Bremen · Seemannsamt

Die Abmusterung ist unterblieben, weil

Abb. 85

## *MS Lahnstein NDL Bremen*

07.08.1963 – 17.10.1963
1.Elektriker
Kanada Große Seen

1 MAN 5 Zylinder Dieselmotor, doppelwirkend.
3900 PS, Geschwindigkeit: 14,5 kn (27 km/h)
Länge: 119 m Breite: 15 m
Besatzung: 31

MS Lahnstein ist aus der Rheinstein-Klasse, baugleich der MS Saarstein. Nach meinem Urlaub wartete ich am 07. August im Bremer Übersee-Hafen auf die MS Lahnstein. Laut dem Weser Kurier sollte sie um neun Uhr am Schuppen 76 festmachen.

Nach einer halben Stunde kam sie in Sicht, gezogen von zwei Schleppern, die sie drehten und an die Pier drückten. Nachdem sie fest lag und die Gangway heruntergelassen wurde, ging ich an Bord.

Ich meldete mich beim Chief und anschließend beim Elektriker. Der sagte: »Gut, dass du da bist, ich will den Zug nach Bayern noch bekommen. Der soll in einer Stunde vom Hauptbahnhof in Bremen abfahren. Wie ich hörte, bist du auf der MS Saarstein, dem Schwesterschiff, gefahren. Dann kennst du dich ja aus. Alles Wichtige habe ich dir aufgeschrieben. Es liegt in deiner Kammer auf dem Schreibtisch.«

Er schnappte sich seinen Koffer, sagte »Gute Fahrt!« und verließ das Schiff.
Die Kammer war vom Stewart gereinigt und das Bett neu bezogen worden. Ich räumte meine Utensilien in den

Schrank, zog meine Kaki-Uniform an und ging in den Maschinenraum. Dort stellte ich mich der Wache vor und besichtigte die E-Anlage. Was ich so sehen konnte, war gut in Schuss und gepflegt.

Das Gleiche sah ich in der E-Werkstatt. Auch hier war alles sauber, es lagen keine Reparaturen auf der Werkbank. Das Werkzeug lag sortiert an ihrem Platz. Ich werde mir Mühe geben, die Anlage nach der Reise so wieder zu übergeben. Ich hörte vom Chief, dass wir morgen nach Rotterdam auslaufen.

Am späten Abend erreichten wir Rotterdam. Nachdem wir fest an der Pier lagen, fingen die Schauerleute gleich mit dem Löschen an, mit landseitigen Kränen an zwei Luken. Vom 2.Offzi. hörte ich, dass sie bis morgen früh mit dem Löschen fertig sein werden.

Inzwischen war Mittag geworden, ich ging in die Messe. Der Stewart sagte mir, was es heute zu essen gibt. Beim Essen stellte ich hier wieder fest, dass ein guter Koch auf dem Schiff ist. Es schmeckte hervorragend, denn die Laune der Besatzung hing stark vom Koch ab. Ich hörte von Schiffen, die mit ihrem Koch nicht zufrieden waren.

Es soll öfter dasselbe Essen gegeben haben, das oft versalzen gewesen war. Da bekam er Ärger mit der Mannschaft. Der Kapitän soll ihn dann verwarnt haben. Wurde das Essen immer noch nicht besser, so hat man ihn im nächsten Hafen ausgewechselt.

Wir verließen Rotterdam am nächsten Morgen, nachdem wir den Lotse von Bord hatten. Wir liefen in den Ärmelkanal ein und hatten jetzt eine lange Reise vor uns. Vom Ärmelkanal fuhren wir in den Atlantischen Ozean bis zur

Cabot Straße, die bei Neufundland liegt. Von dort aus ging es in den Golf von Sankt-Lorenz und dann weiter in den Sankt-Lorenz-Strom nach Quebec.

Jetzt hatte ich Zeit, mir die Ladewinden an Deck vorzunehmen. Die Reparaturen, die in der E-Werkstatt lagen, waren Lampen, die zum Ausleuchten der Luken benötigt wurden. Die Hafenarbeiter gingen mit den Lampen nicht schonend um. Sie quetschten das Kabel ab und verbeulten die Lampenschirme. Dabei gingen auch die Glühlampen kaputt. Meistens wurde das Kabel aus dem Stecker gerissen. All das muss bis Quebec erledigt sein.

Im Morgengrauen liefen wir in den Sankt-Lorenz-Strom ein und nahmen den Lotzen für die Fahrt nach Quebec auf. Quebec heißt 'Wo der Fluss sich verengt', erklärte mir mein Kollege. Wir waren im Indian Summer und ich sah die rot- und gelbgefärbten Bäume und Büsche an Land und auf den kleinen Inseln während der Fahrt auf dem Sankt-Lorenz-Strom.

Die Schifffahrt auf dem Strom und den Seen ist nur von April bis Oktober möglich. Danach muss man damit rechnen, dass sie zufrieren. Wir werden mehrere Schleusen befahren müssen, um einen Höhenunterschied von 180 m vom Atlantik bis zu den Seen zu überwinden.

*Abb. 86 Schloss Chateau Frontenac*

Wir liefen in dem Hafen von Quebec am Nachmittag ein. Wir hatten an der Pier festgemacht, gegenüber dem Schloss Chateau Frontenac. Gelöscht wurde mit einem landseitigen Kran. Also konnte ich an Land. Ich holte mir von Chief die Genehmigung dafür. Besorgte mir vom Funker einen Landgangsausweis und Geld, zog mich um und ging von Bord. Die Stadt war direkt am Hafen, sodass ich kein Taxi brauchte, um dorthin zu gelangen. Die Altstadt mit ihren verwinkelten Straßen und alten Häusern versetzte mich zurück ins Mittelalter - wunderschön hier.

*Abb.87 Hoch auf dem Felsplateau steht das Schoss Chateau.*

Die Altstadt gehört heute zum UNESCO-Weltkulturerbe. Von überall aus war das Schloss auf dem Felsplateau zu sehen. Meine Besichtigungstour wollte ich vor meiner Rückkehr an Bord in einem Restaurant mit einem Bier abschließen. Das fand ich in der Nähe des Hafens, anschließend ging ich langsam wieder an Bord.

Am Mittag des folgenden Tages legten wir in Quebec ab, um zur ersten Schleuse zu fahren. Unser nächster Hafen war Montreal. Bei diesigem Wetter und Regen und weiteren 7 Schleusen liefen wir in Montreal ein. Kurze Zeit später lagen wir fest an der Pier.

An den Schleusen standen Händler an der Pier, die Orangen verkauften. Ein Händler, der perfekt Deutsch sprach, fragte mich, ob ich ihm ein Schwarzbrot geben könnte. Dass er nicht mehr weiß, dass wir Schwarzbrot dazu sagen, ist traurig. Ich sagte ihm auf Deutsch, dass er den Koch fragen müsse. Wir fuhren von den Schleusen in den Ontariosee.

Montreal liegt Südwestlich von Quebec, auf einer großen Insel. Sie wird vom Sankt-Lorenz-Strom und den Mündungsarmen des Ottawa umflossen. Der Hafen von Montreal liegt nördlich des Stadtzentrums, entlang dem Ufer des Sankt-Lorenz-Stroms. Wie ich gelesen habe, ist Montreal die einzige Stadt der Welt, an der die Sonne im Süden aufgeht. Nach zwei Tagen liefen wir wieder aus. Unser nächster Hafen war Toronto, am Ontariosee. In Toronto angekommen, sah ich, dass Toronto eine große Stadt ist, mit vielen Hochhäusern und Parks.

Der Chief hatte mir gesagt, dass wir hier drei Tage bleiben werden. Ich fragte ihn, ob ich an Land könnte. Ich wollte zu den Niagarafällen. »Mach das.« sagte er, »Die sind sehenswert. «

Beim Frühstück fragte ich in die Runde, ob jemand mit zu den Niagarafällen wollte. Der 3. Ing. und sein Ing. Assi wollten mit. Ich sagte, ich wollte mir einen Mietwagen leihen. Sie sagten, sie wollten sich an den Kosten beteiligen. Wir fuhren mit dem Taxi zum Autovermieter. Da ich einen internationalen Führerschein hatte, meinten meine Kollegen, ich sollte fahren. Nachdem ich alle nötigen Papiere unterschrieben hatte, stiegen wir in einen Chevrolet-Wagen.

Er hatte, wie damals modern war, Rückflossen. Jetzt beim Losfahren merkte ich erst, dass der Wagen mit Automatik ausgestattet war. Auch meine Mitfahrer konnten sich damit nicht aus. Also ging ich noch mal in den Laden und fragte ihn, ob er uns die Autoschaltung erklären könnte. Ich hatte noch nie einen Automatikwagen gefahren. Nach einer kurzen Einweisung war alles klar.

Wir fuhren auf den Highway. Er hatte uns eine Karte mitgegeben, wo die Fahrt zu den Wasserfällen eingezeichnet war. Er hatte uns gesagt: »Haltet euch an die Geschwindigkeitsangaben. Die Polizei wartet versteckt auf Temposünder. Wartet, bis es dunkel wird, dann wird der Wasserfall farbig beleuchtet‘.«

Die Fahrt durch die Stadt war gewöhnungsbedürftig. Sie war überfüllt mit Autos, die es alle eilig hatten. Sie hupten und fuhren dicht auf. Das änderte sich erst auf der Autobahn. Sie war nicht so voll. Für mich war es wichtig, mich an die vorgeschriebene Geschwindigkeit zu halten, was nicht so einfach war, denn der Wagen hatte einen Sechszylinder-Motor mit über 200 PS.

Nach zwei Stunden waren wir dort. Ein Wegweiser zeigte uns den Parkplatz für den Wasserfall. Dort angekommen stellten wir fest, dass wir nicht alleine hier waren. Auf dem Parkplatz war es schwierig, einen freien Parkplatz zu finden. Als wir ausstiegen, hörten wir schon das Getöse des Wasserfalls.

Dort angekommen stellten wir fest, dass wir nicht alleine hier waren. Auf dem Parkplatz war es schwierig, einen freien Parkplatz zu finden. Als wir ausstiegen, hörten wir schon das Getöse des Wasserfalls. Ich fragte mich, ob es auf der amerikanischen Seite auch so voll ist. Wir beschlossen, erstmal zu dem Aussichtsturm zu gehen, der oben in der Kuppel ein Restaurant hatte, um ein Bier zu trinken. Anschließend wollten wir einen Rundgang machen.

Der Blick vom Restaurant auf den Wasserfall war toll. Wir nahmen uns vor, nach dem Rundgang hier wiederherzukommen und oben auf der Plattform oberhalb des Restaurants den beleuchteten Wasserfall anzusehen. Wir sahen, dass Personen hinter dem Wasserfall gingen und das wollte ich auch. Wir gingen nach unten zum See und fanden den Eingang und die Kasse. Wir besorgten uns Karten und bekamen dort einen schwarzen Regenmantel mit Kapuze, den wir anzogen.

Wir reihten uns in die Schlange der Führung ein. Wir gingen hinter dem Wasserfall entlang. Von der Felsenwand bis zum Wasserfall waren es ca. 6 m. Der Gang war beleuchtet. Es war schon ein komisches Gefühl, dort durchzulaufen. Überall spritzte und tropfte es. Das Getöse des Wasserfalls war so laut, dass man sich nicht unterhalten konnte. Gut, dass wir den Regenmantel bekommen haben. Anschließend gingen wir zurück zum Aussichtsturm auf die Turmplattform.

Oben angekommen, wurde es langsam dunkler draußen. Die Plattform war voll mit Menschen, die sich das Farbenspiel am Wasserfall ansehen wollten. Ich fand keinen Platz am Geländer, um eine Aufnahme machen zu können, aber es gab noch nette Leute, die sahen, dass ich Fotos machen wollte. Sie rückten ein Stück beiseite und ließen mich dazwischen. Das war genau der richtige Zeitpunkt. Die Ausleuchtung des Wasserfalls war jetzt gut zu sehen.

Am dritten Tag liefen wir wieder aus. Ab jetzt begann die Rückreise. Das Wetter hatte sich geändert, und ab und zu schien die Sonne, Aber es blieb kalt. Die Schleusenfahrt verlief jetzt in entgegengesetzter Reihenfolge. Je Schleuse fielen wir jetzt um 20 m, bis auf die Höhe des St-Lorenz-Stroms.

*Abb.88 Der Niagarafall*

Unser nächster Hafen war Quebec. Hier bleiben wir nur einen Tag. Es lohnte sich nicht, an Land zu gehen. Wir legten am nächsten Morgen ab und fuhren weiter im Sankt-Lorenz-Strom in den St.-Lorenz-Golf und von dort aus in den Atlantischen Ozean.

Am Abend kam ein Matrose, der 8–12-Uhr-Wache bei mir in meiner Kammer vorbei. Er meinte, ich solle mal auf die Brücke kommen. Als ich auf der Brücke ankam, zeigte er nach draußen und meinte: »Das sind Polarlichter.« Was ich da sah, war unbeschreiblich.

Der Himmel leuchtete grün-violett in wellenförmigen Lichtern, und das Schauspiel änderte sich ständig. Ein einmaliges Schauspiel, für mich unvergesslich. Die Fahrt in den Atlantischen Ozean verlief ohne Probleme. Wir hatten leichten Seegang, die Sonne schien öfters und es wurde wärmer.

Unser nächster Hafen war Funchal auf Madeira. In Funchal kamen wir im frühen Morgen an. Wir fuhren in die Bucht und ankerten dort. Wie ich hörte, bleiben wir hier vor Anker liegen und löschen unsere Ladung mit unserem Ladegeschirr auf Leichter. Madeira ist eine grüne Oase inmitten des Atlantischen Ozeans. Auf der Insel herrscht das ganze Jahr über frühlingshaftes Klima.

Es gab keine Fährverbindung an Land. Für mich kam das sowieso nicht in Frage, da die Schauerleute mit unserem Ladegeschirr arbeiteten und ich Bordwache hatte. Falls eine Winde ausfallen sollte, musste ich sie gleich reparieren.

Am Abend kam der Lotse an Bord, und wir liefen aus, durch den Ärmelkanal nach Rotterdam. Die Biskaya empfing uns wie nicht anders zu erwarten um diese Zeit, mit einer aufgewühlten See.

Am Abend erreichten wir Rotterdam. Dort lagen wir zwei Tage. Das Wetter war schlecht, es regnete und stürmte das war kein Wetter, um an Land zu gehen.

Nach zwei Tagen liefen wir aus, in den Ärmelkanal und von dort aus in die Nordsee, nach Bremen. Das Wetter in der Nordsee hatte sich nicht geändert, sondern es wurde starker Sturm angesagt. Unser Schiff stampfte in den hohen Wellen, die Gischt spritzte bis zur Brücke hinauf. Die Brecher kamen über Bord und setzten das Vorschiff unter Wasser. Wenn das Schiff in ein Wellental lief, kam die Schraube aus dem Wasser. Dank der Motorautomatik drehte der Motor dann langsamer.

Es war ein Höllenritt, wir unten im Maschinenraum, hielten uns an etwas stabilem Material fest. Das Schiff legte sich manchmal so stark zu Seite, dass wir die Luftanhielten ob es sich wieder aufrichtet.

Die Brücke rief im Maschinenraum an, sie hätten ein MAYDAY Signal empfangen. Sie werden ihren Kurs ändern und zu dem Schiff fahren. Sie hatten ausgerechtet, dass sie in einer Stunde dort sein werde.

Nach einer Stunde Fahrt sahen wir einen kleinen Kümo (Küstenmotorschiff). Um auf sich aufmerksam zu machen schoss er Leuchtkugeln ab. Wir umfuhren das Schiff um die Wellen zu brechen.

*Abb. 90 Hoher Wellengang bei der Rettung des Kümos.*

Das Deck wurde von den Wellen überflutet, wir sahen das sich die Plane über der Luke sich von den Sturm gelöst hatte, die überkommenden Wellen setzten die Luke unter Wasser.

Von der Besatzung konnte keiner an Deck die Plane wieder zu befestigen, ohne von Bord gespült zu werden. Es war eine Frage der Zeit dann würde die Luke vollläuft und das Schiff untergehen.

Unsere Brücke beschloss das Arbeitsboot mit einem Dieselmotor, zu Wasser zu lassen, aufpassend das es von dem Wellen nicht an unserer Bordwand zerschlagen wird. Der 3.Offiz. übernahm das Kommando, mit dem Bootsmann und zwei weiteren Decksleuten. Um das Arbeitsboot durch die hohen Wellen zu steuern war das nicht so einfach, sie kamen nur langsam voran. Nach einer Zeit klappt es, sie machten ihr Arbeitsboot am Kümo fest und zwei Mann Sie werden ihren Kurs ändern und zu dem Schiff fahren. Sie hatten ausgerechtet, dass sie in einer Stunde dort sein werde.

Nach einer Stunde Fahrt sahen wir einen kleinen Kümo (Küstenmotorschiff). Um auf sich aufmerksam zu machen schoss er Leuchtkugeln ab. Wir umfuhren das Schiff um die Wellen zu brechen. Das Deck wurde von den Wellen überflutet, und wir sahen, dass sich die Plane über der Luke sich von den Sturm gelöst hatte, die überkommenden Wellen setzten die Luke unter Wasser.

Von der Besatzung konnte keiner an Deck die Plane wieder zu befestigen, ohne von Bord gespült zu werden. Es war eine Frage der Zeit dann würde die Luke vollläuft und das Schiff untergehen.

Unsere Brücke beschloss das Arbeitsboot mit einem Dieselmotor, zu Wasser zu lassen, aufpassend das es von dem Wellen nicht an unserer Bordwand zerschlagen wird. Der 3.Offiz. übernahm das Kommando mit dem Bootsmann und zwei weiteren Decksleuten. Um das Arbeitsboot durch die hohen Wellen zu steuern war das nicht so einfach; Sie kamen nur langsam voran.

Nach einer Zeit klappte es. Sie machten ihr Arbeitsboot am Kümo fest, und zwei Mann krochen an Bord, aufpassend wenn eine große Welle kam, um sich festzuhalten. Sie zogen die Plane wieder über die Luke, dass doch das bei den geschaukelt und den Wind schwierig war. Aber auch schafften sie, und nagelten mit den mitgebrachten Latten die Plane wieder fest. Durchnässt stiegen sie in das Arbeitsboot zurück, aufpassend das beim Einsteigen keiner in Wasser fällt.

Unser Schiff fuhr weiterhin im Kreis um den Kümo, um die Wellen zu brechen. Auf der MS Lahnstein wieder angekommen, wurden sie mit großen Hallo begrüßt. Sie holten das Arbeitsboot wieder an Bord. Unser Kapitän verabschiedete sich per Funk von dem Kümo. Die sich vielmals bedankten für die Hilfe und fuhren weiter zur Aussenweser, von da aus nach Bremen zum Überseehafen, dort kamen wir am Abend an.

Der Chief Wuste das ich nur eine Reise als Urlaubsvertreter an Bord bin, der vorherige Elektriker kommt nach seinem Urlaub wieder an Bord. Ich hatte meine Utensilien schon gepackt und mich Landfein angezogen, sodass ich, wenn der Elektriker kommt von Bord zu gehen. Von den Kollegen hatte ich mich schon verabschiedet.

Als der E-Inspektor an Bord kam, sagte er ich gehe zum Chief, danach sehen wir uns. Inzwischen war auch der Elektriker an Bord gekommen, ich unterhielt mich mit ihm, da nichts Wichtiges anlag waren wir schnell fertig. Ich hatte den Stewart bereits gesagt er möchte die Kammer sauber machen und das Bett neu beziehen.

Der E-Inspektor fragte ob etwas anlag, ich sagte alles klar, er sagte zu mir, ich wünsche ihnen alles Gute an Land, auf das sie schnell eine neue Stelle finden. Ich verabschiedete mich von dem Elektriker, wünschte ihm eine gute Fahrt, holte meinen Koffer und ging von Bord.

Als erstes telefonierte ich im Telefonhäuschen an der Pier, mit meiner Familie und Brigitte. Um ihnen zu sagen, dass ich abgemustert habe. Die werden sich sicher freuen, dass ich jetzt an Land bleibe. Ich werde jetzt erstmal Urlaub machen, dann mich nach einer neuen Arbeitsstelle umsehen.